328

D1943293

Merve
Verlag

Alain Badiou

Ist Politik denkbar?

Aus dem Französischen übertragen und mit einem Nachwort versehen von Frank Ruda und Jan Völker

morale provisoire #1

Hrsg. von Frank Ruda und Jan Völker

Merve Verlag Berlin

Originalausgabe:
Alain Badiou, *Peut-on penser la politique?*
© Éditions du Seuil, Paris 1985, 2008².

Redaktorat: Elisa Barth / Isabel Fischer / Tom Lamberty

© 2010 Merve Verlag Berlin
Printed in Germany
Druck- und Bindearbeiten: Dressler, Berlin
Umschlagentwurf: Jochen Stankowski, Dresden
ISBN 978-3-88396-265-8
www.merve.de

Inhalt

morale provisoire

Descartes gibt das Beispiel der Reisenden, die in einem Wald die Orientierung verloren haben. Wollen sie nicht an der gleichen Stelle verharren oder aber orientierungslos umherirren, benötigen sie eine *morale par provision*, die ihre Schritte anleitet. Eine *morale provisoire* versucht entschlossen eine Richtung zu verfolgen, sie befragt das Denken auf orientierende Regeln für die Praxis. Sich im Denken zu orientieren, heißt mit Kant, sich nach dem subjektiven Prinzip der Vernunft zu orientieren. Dies bedeutet dann, wie Rousseau, zunächst das beiseite zu lassen, was als Tatsache gilt: das Bestehende, seien es Körper oder Sprachen, Individuen oder Gemeinschaften, das die Maximen der Zeit heute preisen. Ihnen setzt Badiou die Idee einer subjektiven Orientierung des Subjekts entgegen, die von einem Punkt der Unmöglichkeit aus ihren Weg nimmt. Die Reihe *morale provisoire* richtet sich gegen Libertäre, Liberale, Sophisten und Sozialchauvinisten unserer Zeit und versucht, orientierende Interventionen für die Praxis und das Denken zu versammeln. Sie zielt auf einen neuen Mut des Denkens, der dem Unmöglichen, dem Unendlichen, dem Gleichen und dem Illegitimen sein Recht zuspricht. *Morale provisoire* ist an einem Jakobinismus des Denkens orientiert, der auf seinem Weg aus der Desorientierung seine Feinde je neu bestimmt.

Frank Ruda / Jan Völker

Vorwort zur deutschen Ausgabe

Zu Beginn der achtziger Jahre war die philosophische Situation für mich sehr negativ. Damals triumphierte der moralische Reaktionismus der „neuen Philosophen". Die einzig respektable minoritäre Orientierung kam von Seiten Heideggers und vom Motiv des Endes der Philosophie, in seiner fortschrittlichen Form durch das besonders illustriert, was wir die „Straßburger Schule" nannten, deren wichtigste Namen die von Philippe Lacoue-Labarthe und Jean-Luc Nancy waren. Ich war allerdings nicht einverstanden mit ihrer geschichtlichen Montage: Ich glaubte nicht, dass die „Metaphysik" der lange Verlust eines ursprünglichen Sinns des Seins gewesen ist. Die politische Situation war nicht besser. Eine große Zahl der „linken" Politiker der sechziger und siebziger Jahre waren entweder zu offiziellen Renegaten, fortan den Kapitalparlamentarismus und die bewaffnete Macht der USA preisend, oder zu Sozialdemokraten unter dem Hirtenstab Mitterands geworden. Mit Ausnahme meiner teuren militanten Freunde, Natacha Michel, Sylvain Lazarus, Judith Balso, Cécile Winter und einiger anderer, mit denen ich die Konstruktion einer Politik neuen Typs fortsetzte, war ich alles in allem vollkommen isoliert. Als Marschgepäck blieb mir nur ein Satz von Zhou En-Lai vom zehnten Parteitag der Chinesischen Kommunistischen Partei, der mich zutiefst berührt hatte: „Ihr könnt akzeptieren, allein zu sein, denn wenn eure Linie korrekt ist, werdet ihr eines Tages eine Armee sein." Das Buch, in dem ich den Stand meines Denkens über die Verbindungen zwischen Philosophie und Politik festhielt, die 1982 erschienene „Théorie du Sujet", hat keinen öffentlichen Erfolg gehabt, abgesehen, das muss man sagen, von einem freundlichen Wort von Deleuze und von einer raffinierten Kritik von Rancière.

In diesem Kontext suchten mich Lacoue-Labarthe und Nancy auf, wofür ich ihnen immer sehr dankbar sein werde. Sie schlugen mir vor, in einem Seminar vorzutragen, das sie an der *Ecole Normale Supérieur* unter Beteiligung von Jean-Francois Lyotard, Jacques Derrida und Sarah Kofman abhielten. Das war der Beginn des sehr langen Weges, der zwanzig Jahre dauern sollte, um mich aus der einsamen Anonymität herauszuführen.

Das Thema des Seminars war typisch post-heideggerianisch. Der Titel war nämlich: „Der Rückzug des Politischen". Ich trug zwei Sitzungen nacheinander vor, einmal mehr gegen den Strom. Ich lehnte mich nämlich gegen den Ausdruck „das Politische" auf, indem ich behauptete, dass in Wirklichkeit nur *Politiken* existieren. Und wenn ich annahm, dass in einem gewissen Sinn die Sequenz der marxistischen Politiken geschlossen war, dann nicht um in einen erneuerten Humanismus zu verfallen, sondern um die Würfel der Politik der Emanzipation erneut zu werfen, was auch immer die Schwierigkeiten oder die Sackgassen des Augenblicks sein mögen.

Es ist die Überarbeitung dieser beiden Seminare, die Sie lesen werden, ein Vierteljahrhundert nach ihrer Veröffentlichung auf Französisch, welcher im Übrigen kaum mehr Erfolg als der „Théorie du Sujet“ beschieden war.

In Wirklichkeit ist es ein Buch des Übergangs, zwischen der philosophischen Bilanz des Maoismus der siebziger Jahre und der neuen Synthese, die 1988 *Das Sein und das Ereignis* vorschlagen wird. Ich glaube, und sei es nur um einen Titel Lenins, „Die Krise ist reif“ aufzugreifen, dass die Öffentlichkeit heute, da es fünfundzwanzig Jahre alt ist, mehr in der Lage ist, es zu verstehen. Denn heute wissen alle sehr genau, dass die Politik der Emanzipation nur fortgeführt werden kann, wenn sie neu gedacht, neu gegründet wird, und das auch auf einem abstrakten Niveau, auf dem die Philosophie ihr Verhältnis zu dieser Wahrheitsprozedur bestimmt. Daraus folgt, dass die Frage „Ist die Politik denkbar?“, die in diesen Begriffen von Sylvain Lazarus seit dem Ende der siebziger Jahre gestellt wurde, sicherlich eine Frage von heute ist. In einem gewissen Sinn war es bereits die Frage von Hegel, dann von Marx. Und es war sicherlich diejenige Platons. Ein Deutscher kann für diese Genealogie besonders sensibel sein.

Alain Badiou, April 2009

Einleitend

In meinem Land, das – zumindest seit 1789 – die Stätte der Politik par excellence war, in diesem Frankreich, in dem der unversöhnliche Streit anzeigte, dass jedes Subjekt hier politisch vorgeschrieben war, geschieht es heute, dass die Politik in die Gestalt der Erscheinung ihrer Abwesenheit übergegangen ist.

Selbst wenn die Politik in Verbindung mit dem, was geschieht – Wahlen, Parlament, Gewerkschaften, Präsidentschaft, Erklärungen im Fernsehen, Luxusreisen – , erwähnt wird, weiß jeder, durch ein Wissen, bei dem die Worte nicht verantwortlich sind, dass es sich um einen stillgelegten Schauplatz handelt. Aus diesem gehen sicherlich Zeichen hervor, aber Zeichen, deren Gleichförmigkeit so beschaffen ist, dass sich mit ihnen allein ein von jedem Begehren befreites automatisches Subjekt verketten kann.

Die Gründungskategorien, in denen sich die Wahlmöglichkeiten – von links und rechts, Arbeiterbewegung und Chefetage, Nationalismus und Internationalismus, Kapitalismus und Sozialismus, Sozialismus und Kommunismus, Freiheit und Autorität – zeigten, werden zunehmend wirkungslos und bezeichnen nach und nach nur noch die Rückständigkeit der Berufspolitiker, Akteure ohne Erben.

Sicherlich vervielfachen sich rätselhafte Kleinstereignisse. Dennoch sind sie eingekreist und kontaminiert von der allgemeinen Laschheit, die zu der Überzeugung verleitet, einer Repräsentation ohne subjektiven Einsatz beizuwohnen.

Am weitesten von seinem nationalen Sein entfernt ist Frankreich in der Politik unter die Souveränität des Skeptizismus getreten.

Ich halte diese Figur, die man mit Heidegger ein historisches und nationales Geschick eines Rückzugs des Politischen nennen kann, nicht für fruchtlos. Sie verweist in meinen Augen weder auf eine Furcht noch auf einen Verzicht. Ich behaupte vielmehr, dass sie den Philosophen zur Bestimmung eines Wesens auffordert.

Wenn die Vermittlungen der Politik klar sind, ist es der Imperativ des Philosophen sie zu einem Fundament zusammenzuziehen. In der letzten Diskussion über dieses Thema wurden die Befürworter der Freiheit, verstanden als gründende Selbstdurchsichtigkeit, den Befürwortern der Struktur, verstanden als Vorschrift eines Kausalitätsregimes, gegenübergestellt. Sartre und Althusser, das hieß, im Grunde, der GRUND gegen den Grund.

Aber wenn man sich des Prozesses der Abwesenheit versichern will, dann orientiert man sich an dem, was verschwindet, und es ist nicht die Gründung, die auf der Tagesordnung steht, sondern es ist die Fähigkeit am Ort des Verschwindens selbst zu verwesentlichen. Jedes Denken des Grundes führt zurück auf die Erfahrung, die Grund hat. Wenn die Philosophie sich in der Nähe des leeren Ortes hält, aus dem sich das Politische zurückzieht, dann ist sie nicht mehr die Wächterin des Grundes

des Politischen, sondern der Axiome seines Verschwindens. Denn wenn sich das Politische zurückzieht, ist man im Regime dessen, was ganz allein statthat, und zwar so sehr, dass eine Erfahrung des Politischen nicht mehr in Frage kommt. Die Philosophie beschriebe die Abwesenheit dieser Erfahrung als Rückzug, Rückzug unter den delokalisierten Schutz der Verwaltung, Dissemination in das Statt-Gefunden-Haben eines Fortbestands ohne Begriff. Die Philosophie errichtet sich gemäß dieser Sicht der Dinge in dem Abstand – der Rückzug ist – einerseits zwischen der riskanten Fülle des erfahrenen Ereignisses, dem Glück des revolutionären Hauptmanns oder des revolutionären Anführers und andererseits dem umherirrenden Automatismus des Kapitals, das mit der „Modernisierung“ auf dem Gipfel seiner Macht angekommen ist und in dem sich vom Politischen nichts in der Erfahrung gibt; wo es möglich ist, die gesamte Ökonomie ausgehend von der Hypothese eines x-beliebigen politischen Subjekts zu betreiben. In den Abstand, der quasi nichts ist, aus dem unsere Zeit ihr Unglück hervor treibt, zwischen dem Glück und der Wiederholung, zwischen τυχή und αὐτομάτον, schleicht sich das Denken des Wesens des Politischen als Rückzug ein.

Dass aber das Politische weder der Begriff einer Erfahrung noch die subjektive Norm einer Regierung ist, hat in Wahrheit viel früher eingesetzt. Das Denken muss sich hier an diesem „viel früher“ orientieren. Es muss dem zeitgenössisch sein, wovon die Erklärung des Rückzugs nur ein letztes Ergebnis ist, insofern sie in der Philosophie den Mangel der politischen Erfahrung benennt.

Es ist vollkommen richtig, dass sich *das* Politische im Rückzug und in der Abwesenheit befindet, von wo aus es nach seinem Wesen zu befragen ist. Aber es ist die Befreiung *der* Politik, deren Beweglichkeit, in das Denken zwischen Machiavelli und Lenin eingeschrieben, philosophisch von der wiederhergestellten Wesenhaftigkeit des Politischen unterjocht war.

Die philosophische Operation orientiert sich in ihrer vorangehenden und kritischen Funktion an der Zerstörung des politischen Philosophems, in welchem verlustig gegangen ist, dass das Reale, von dem *die* Politik ihren Einsatz nimmt, immer nur die wesenslose Figur des Ereignisses hat.

Das Politische ist immer nur die Fiktion gewesen, in welche *die* Politik das Loch des Ereignisses schlägt. Eine (von Rousseau bis zu Mao) kanonische Aussage: Dass die Massen die Geschichte machen, bezeichnet genau in den Massen diesen verschwindenden Einbruch, dessen immer nur verspätete und zerrissene Erzählung die politische Philosophie ist.

Was mit dem Politischen, gleichzeitig mit der narrativen und linearen Figur des Romans, einen heilsamen Rückzug antritt, ist die Fiktion eines Maßes, die Idee, dass das soziale Band nach der philosophischen Norm des guten Staates oder der guten Revolution, was auf das Gleiche hinausläuft, im Denken messbar sei. Es ist dieses in der eingerichteten Gründung des politischen Philosophems fiktiv hervorgerufene Objekt, bald Staat, bald Revolution, von dem zweifelhaft ist, ob es heute vorgeben kann, dass es ein Begriff der politischen Erfahrung ist.

In Frankreich hat die zwei Jahrhunderte alte revolutionäre Idee, selbst in ihrer absoluten Leugnung, bestimmt, dass es ein politisches Subjekt gibt und sie hat transversal zu einer sehr oft abscheulichen Geschichte – Arbeitermassaker im 19. Jahrhundert, „Burgfrieden" von 1914, München und Pétain, Kolonialkriege, moroser Verfall – die Öffnung konstituiert, in der denkbar wurde, dass im Politischen eine wieder erkennbare Universalität zirkuliert. So dass der französische Intellektuelle, im Verbund mit der Arbeiterbewegung, über einen Interventionsspielraum, über eine zivile Rolle in Bezug auf die realen Angelegenheiten verfügte, die irreduzibel auf die Indifferenz blieb, die überall sonst im Westen sein Schicksal war.

Aber in der Repräsentation der revolutionären wie der konter-revolutionären Idee, in der sich das „wahre Frankreich" ausdrückte, gab es ein gutes Maß Illusion hinsichtlich des sozialen Bandes, da man ja vermutete, dass die Politik von der Konsistenz dieses Bandes, das man Proletariat oder Volk oder auf der anderen Seite die Union aller Franzosen nannte, garantiert sei. Das Denken des als Fundament der Erfahrung begriffenen Politischen schlug eine Genealogie der (revolutionären oder nationalen) Repräsentation ausgehend von den sozialen Mengen vor.

Was die Krise des Politischen enthüllt, ist, dass alle Mengen inkonsistent sind, dass es weder Franzosen noch Proletariat gibt und dass aufgrund dieser Tatsache auch die Figur der Repräsentation genau wie ihr Gegenteil, die Figur der Spontaneität, selbst inkonsistent sind. Die einfache Zeit der Präsentation fehlt. Die These eines Wesens der dem Gemeinwesen inneren Verhältnisse, eines in der Ausübung der Souveränität repräsentierbaren Wesens, sei es noch in der Form der Sklavendiktatur, und des Verhältnisses selbst, noch dasjenige des Bürgerkrieges, der in die Struktur der Klassen eingetragen ist, löst sich auf.

Der Vorteil dieser Retroaktion, in der die wahrgenommene Nichtigkeit dessen, was konsistent war, die Bestimmung des Wesens des Politischen selbst zur Krise bringt, ist es, andere Genealogien, andere Referenzen zu autorisieren. Man kann nur heute wissen, dass Mallarmé – kurz nach der Pariser Kommune, was kein Zufall ist – einer unserer großen politischen Denker ist, beispielsweise einem Rousseau gleich.

Es ist Mallarmé, der schreibt, dass der „gesellschaftliche Bezug und sein momentanes Maß, ob man es zwecks Regierens straffe oder lockere, eine Fiktion ist."[1]

Die Fiktion besteht genau in der Legierung des gesellschaftlichen Verhältnisses und seines Maßes, eine Legierung, an der sich das politische Philosophem austariert.

Darin sich vorzustellen, dass die politische Ökonomie und die sozialen Verhältnisse den begrenzbaren Ort die-

---

[1] A.d.Ü.: Stéphane Mallarmé, *Geleit*, in: ders., *Kritische Schriften*, herausgegeben von Gerhard Goebel und Bettina Rommel, Gerlingen 1998, S. 302-314, hier S. 311.

ser Legierung hervorbrachten, hat sich der alte Marxismus vollkommen getäuscht, und auf diese Weise wurde das marxistische Hervorrufen der Politik umgekehrt und verhüllt. Es ist allgemein bekannt, dass die so genannte marxistische politische Ökonomie ihre eigene Kritik nicht zu kritisieren vermochte. Sie hat die philosophische Fiktionalisierung der Wertung, durch Marx wie durch Lenin, dass das Reale der Politik allein riskant und begegnend ist, repräsentiert. Die Ökonomie, deren Kritik etwas anzetteln sollte, was sie an einem singulären Punkt absolut übersteigt, war der Umweg, über den die marxistische Politik, welche die interpretierende Ungewissheit des Arbeiterbewusstseins ist, das als verletzliche Spaltung die Entwicklung einer zuvor unbemerkten politischen Fähigkeit bedeutet, sich als eine partikulare Lehre des Politischen fixiert fand.

Was eine Strategie des Ereignisses sein müsste, eine Hypothese über die Hysterien des Sozialen, ein Organ des Interpretations-Schnitts, ein Mut zum Glück, ist schließlich über den Umweg der Ökonomie als etwas präsentiert worden, was den sozialen Verhältnissen ein angemessenes Maß vorschrieb. So ist der Marxismus durch seine eigene Geschichte zerstört worden, die diejenige seiner Fixion, mit einem x, ist, die Geschichte seiner Fixierung des politischen Philosophems.

Dass *das* Politische eine Fiktion ist, macht es nicht unschuldig. Es entlastet es nicht einmal von seiner Wahrheit, wenn es stimmt, wie Lacan sagt, dass die Fiktion sich gerade als Struktur der Wahrheit präsentiert. Die

Wahrheit des Politischen, sowie sie in der Politik enthalten ist, wurde genau in der Fiktion der politisch genannten Ökonomie ausgesprochen. Man hat ihre Kritik angekündigt, was sich jedoch etablierte war ihre allgemeine Herrschaft. Diese Ankündigung vollzieht sich jedoch jedes Mal zum Nachteil dessen, wovon die Politik Wahrheit hervorbringt und von dem es den Mangel und den Exzess wieder zu ergreifen gilt.

Mallarmé hat diese sehr geringe Unschuld der Fiktion diagnostiziert. „Ein großer Schaden angetan ward", schreibt er, „der irdischen Gesellschaftung, sekulär, indem man ihr den brutalen Trug, die Civitas, ihre Regierungen, das Gesetzbuch anders zeigte, denn als Embleme oder, hinsichtlich unseres Status, als das, was Friedhöfe im Vergleich mit dem Paradies, das auch ihnen verdunstet [...]."[2]

Die Fiktion des Politischen ist eine finstere Fiktion und das umso mehr, als sie die wahre Verdunstung der Politik einrichtet. In ihrem Kern ist diese Fiktion die des Zusammenschlusses, des Bandes, des Verhältnisses. Sie artikuliert die Souveränität über die Gemeinschaft. Das Politische ist philosophisch als Begriff des gemeinschaftlichen Bandes und als seine Repräsentation in einer Autorität bestimmt. Die Theorie ist offensichtlich variabel, je nachdem, ob man den Akzent auf die Genealogie des Bandes, auf seine vertragliche Selbst-

---

[2] A.d.Ü.: Stéphane Mallarmé, *Die Musik und die Literae. Vorteilshafte Ortsveränderung*, in: ders., *Kritische Schriften*, a.a.O., S. 75-129, hier S. 119.

gründung oder seine natürliche Abstammung legt; oder ob man im Gegenteil den Akzent auf die Souveränität und ihre repräsentative oder organische Macht das Gesetz der Totalität zu garantieren, legt. Und immer besteht die Schwierigkeit des politischen Philosophems darin, herauszufinden, dass es keine Transitivität zwischen dem Wesen des gemeinschaftlichen sozialen Bandes und seiner souveränen Repräsentation gibt. *Das* Politische irrt zwischen der bürgerlichen Gesellschaft und dem Staat umher. Alle möglichen Begriffe sind Metaphern für diesen Hiatus. Das ist nicht so wichtig. Nicht so wichtig, solange die Zuweisung des Politischen zum Denken des gemeinschaftlichen Bandes, eine Zuweisung, in der schon die Arbeit des Fiktiven begonnen hat, unerschüttert bleibt. Und aus der Zerstörung des sozialen Bandes durch die Undurchsichtigkeit der Axiome des Kapitals, den Ort des Rückzugs des Politischen zu machen, führt nur dazu, die begriffliche Rechtsprechung des Bandes zu erhalten. Genauso wenig führt es aus der Fiktion hinaus, dem bedrohten oder zerstörten Band, die vulgäre demokratische Bestimmung des Respekts der Differenzen anzufügen. Es kann keine molekulare Kritik des molaren Begriffs des Politischen geben. So besonders die Punkte auch sein mögen, ihre politische Bestimmung im Denken des Verhältnisses, und sei es noch als Differenziation, führt auf die sehr geringe Realität des Politischen zurück. Wer möchte eine Differenz, deren gemeinschaftliche Garantie der Respekt ist? Liegt nicht einige Niedertracht in dieser Platzierung des Differenzierten, im Denken, das unter dem Gesetz des guten Verhältnisses, der Differenz als Dialog befriedet ist? Schlimmer als die Verkennung ist die Anerkennung.

In den Trümmern des Denkens des Politischen macht man heute großes Aufheben um die Demokratie und den Kampf, der für sie gegen den Totalitarismus zu führen ist. Jedoch, was ist die Demokratie als Begriff? Was ist sie außerhalb der empirischen Zusammenstellung der parlamentarischen Abläufe? Ist es vorstellbar, dass die weltweite Krise des politischen Denkens sich in dieser Platitude auflöst, dass die (kapitalistischen) Regime des Westens flexibler und geeigneter für den Konsens sind als die (genauso kapitalistischen) Regime des Ostens? So wertvoll die so verstandene demokratische Idee sein mag, sie kann sich keineswegs mit der Geschichtlichkeit der Krise des Politischen messen. Ihr empirischer Vorrang ist vielmehr einer der Symptome des Ausmaßes und der Tiefe dieser Krise. Indem er Praktiken, die den pluralistischen Regimen – den repräsentativen Demokratien – inhärent sind, geltend macht, verschleiert dieser Vorrang, dass das, was sich verbirgt, genau das ist, dem dieser Plural zuzuweisen ist, da die Mengen inkonsistent sind, und dass die Repräsentation das ist, was sich nicht mehr vollzieht, da es nicht einmal mehr eine Präsentation gibt.

Die Demokratie ist sicherlich ein Begriff des Politischen und zwar einer, der nah an das Reale der Politik heranreicht. Aber die Demokratie ist in ihrem gemeinen Sinn nie etwas anderes als eine Staatsform. In dieser Hinsicht und als Begriff ist sie dem Fiktiven des Politischen inhärent und bildet nur auf jenem Terrain ein Paar mit dem Totalitarismus, auf dem dieser sich als Höhepunkt des Politischen bestimmt.

Denn es ist unbestreitbar, dass es *das* Politische war, das sich im Herzen des Jahrhunderts, in seinem sowjetischen Paradigma, als universeller Anspruch des Staates entfaltet hat. Und die diesem Ereignis zeitgenössischen parlamentarischen Demokratien nähmen zu Unrecht an, dass sie außerhalb der Sphäre stünden, in der der Zusammenbruch dieses Anspruchs eine Katastrophe des Denkens ausdrückt. In Wahrheit ist es die Opposition von Demokratie und Totalitarismus und nicht der Totalitarismus allein, der das dialektische Wesen dessen ausmacht, was unter unseren Augen in die Nacht des Nicht-Denkens eintritt und uns befiehlt eine neue gründende Geste zu vollbringen. Demokratie und Totalitarismus sind die beiden epochalen Versionen der Erfüllung des Politischen in der doppelten Kategorie des Bandes und der Repräsentation. Unsere Aufgabe betrifft die Politik, insofern sie dem Irrepräsentablen Gelegenheiten der Ent-Bindung anweist.

Die erste Aufgabe, um *das* Politische in der Fiktion zu fixieren und sich an *der* Politik zu orientieren, ist, diese von der Vorschrift des Bandes zu befreien. Man muss die De-Fixion der Politik als gemeinschaftlichem Band oder Verhältnis, praktisch wie theoretisch, verwirklichen. Es empfiehlt sich axiomatisch zu behaupten, dass sich die befreite Beweglichkeit der Politik im Modus des Schnitts und nicht im Modus des Zusammenschlusses an das hält, was sie vom Realen berührt. Und dass sie ein aktives interpretierendes Denken ist und nicht die Aufhebung einer Macht.

Darin untersteht die Politik dem Effekt des Subjekts, verbunden mit dem Realen als Hindernis und von der Fiktion des Sinns abgespalten.

Man wird auch sagen, dass man die Politik von der Tyrannei der Geschichte befreien muss, um sie dem Ereignis zu überantworten. Man muss die Kühnheit besitzen, zu behaupten, dass vom Standpunkt der Politik aus die Geschichte als Sinn nicht existiert, sondern nur periodisierte Gelegenheiten der *Apriori* des Zufalls.

Die Theorie des guten Staates, des legitimen Regimes, des Guten und des Bösen in der gemeinschaftlichen Ordnung, der Demokratie und der Diktatur berührt die Politik nur über den Umweg des Politischen, d.h. in der unvermeidlichen Hervorbringung des fiktiven Philosophems. Die Politik ist die bewegliche Gelegenheit einer Hypothese. Ihr Prozess ist nicht von der Ordnung der Legitimation, sondern von der Ordnung der Konsequenz. Die Alternative zwischen Despotismus und Freiheit ist ihr nicht wesenhafter, als sie es dem wissenschaftlichen oder künstlerischen Prozess ist. Und die Konsequenz, ihrerseits, findet ihren Beweis nur in der unverifizierbaren Prüfung des Ereignisses.

Welcher Glaube auch immer mit dem Ereignis einhergeht, die am Ort des Politischen gegründete Politik kann nicht die Ökonomie des Muts hervorbringen, der im Gegensatz zur Angst als gespaltenes Schwanken im

Unentscheidbaren definiert ist. Was auch immer ihre aus der Fiktion seiner Wahrheiten abgeleiteten scheinbaren Garantien sein mögen, die politische Entscheidung läuft darauf hinaus, vom Punkt des Unentscheidbaren aus zu entscheiden. Was eine große Rolle des Kalküls nicht ausschließt, sondern fordert.

Schließlich wird man sagen, dass die Politik nicht, im Gegensatz zum Politischen, das nach dem Maß des Sozialen und seiner Repräsentation gedacht wird, an das Soziale gekettet ist, sondern, ganz im Gegenteil, dort eine Ausnahme herstellt.

Die bedeutenden Fakten für die marxistische Politik sind nicht von der Ordnung der Massivität und des Bandes, sie sind nicht strukturell. Viel eher handelt es sich um unbenennbare Symptome, um angetroffene Formen des Bewusstseins, um rätselhafte Ereignisse. Im Zusammenhang mit all diesem bewaffnet sich das aktive Denken mit seiner prekären Hypothese. Das Soziale ist die Benennung des Ortes der Bande. Sein Denken organisiert sich ausgehend vom Denken der sozialen Verhältnisse, der Ausbeutung und der Unterdrückung. Aber das Verhältnis berührt die Politik nur im Sinne ihrer Fixierung. Die politische Beweglichkeit hat ihre Wahrheit nicht im sozialen Verhältnis. Für sie zählt, was sich als eine Unterbrechung des Verhältnisses, als eine Entgleisung erweist. Auch wenn sich die Sichtbarkeit der Unterbrechung des Verhältnisses aus einer begrifflichen Verfestigung des Verhältnisses selbst herleitet.

Obwohl die Mode es nicht unbedingt nahe legt, ist hier

unvermeidlich Marx zu nennen, weil Marx seinerseits einen Beginn der Fiktionalisierung des alten Politischen benennt. Ich werde nicht auf die Frage eingehen, ob Machiavelli oder Spinoza ihm darin vorangehen.

Marx geht keineswegs von der Architektur des Sozialen aus, aus der er im Nachhinein sein Selbstbewusstsein und seine Sicherheit gewinnt, sondern von dem Interpretations-Schnitt eines Symptoms der Hysterie des Sozialen, von den Aufständen und Arbeiterparteien. Marx definiert sich darüber, die Symptome im Regime einer politischen Wahrheitshypothese zu verstehen, so wie Freud auf den Hysteriker im Regime einer die Wahrheit des Subjekts betreffenden Hypothese hört. Damit das Symptom, das das Soziale hysterisiert, ohne der Fiktion des Politischen verhaftet zu bleiben, in dieser Art und Weise aufgenommen werden kann, muss die proletarisch politische Fähigkeit als radikale Hypothese der Wahrheit und als Fiktionalisierung jeder vorhergehenden Politik von der Annäherung an das Gemeinschaftliche und das Soziale ausgenommen sein. Diese Hypothese berührt die Wahrheit nur, indem sie alle sozialen Fakten beiseitelässt, eine Methode, die schon Rousseau für erforderlich hielt. Die Politik muss als gleichzeitiger Exzess über den Staat und die bürgerliche Gesellschaft denkbar sein, seien diese auch gut oder ausgezeichnet. Die proletarisch politische Fähigkeit, die kommunistisch heißt, ist absolut beweglich, nicht staatlich, unfixierbar. Sie lässt sich weder repräsentieren noch von der Ordnung, die sie überschreitet, ableiten.

Aufgezeigt zu haben, dass die Politik unrepräsentierbar ist, da sie in der wahrnehmbaren Ordnung des Symptoms ein Subjekt erstellt, macht aus Marx einen Denker der vom Politischen losgelösten Politik. Er fixiert die Fiktion der Politik. Er versichert sich nicht über eine Norm, sondern über ein „Es gibt" des Ereignisses, in dem sich dieses in der Sackgasse jeder begreifbaren und repräsentierten Ordnung mit einem Realen verschränkt. Die Wahrheit der Politik liegt im Punkt dieses „Es gibt" und nicht in seinem Band.

Die weitere Ausarbeitung zieht das Band der sozialen Verhältnisse fest zusammen, um darin den Raum der Politik als punktuellen Außer-Ort (horlieu)[3] dieses Orts festzulegen.

Diese Aussage steht am Beginn des Marxismus.

Nun ist das Ereignis, dessen Zeitgenossen wir sind, gemessen an diesem Beginn und vom Punkt der Politik aus, die Krise des Marxismus.

All diejenigen, selbst wenn sie es nicht eingestehen, die heute in Begriffen eines Todes des Marxismus denken, sehen sehr wohl, dass dieser Tod, den sie verkünden oder den sie sogar bereits vergessen, das offensichtliche Zeichen eines weitaus tieferen, radikaleren Phänomens ist, nämlich der Krise des Politischen im Allgemeinen.

---

3 A.d.Ü.: Badiou verwendet hier im Französischen den Neologismus „horlieu", der das Außen (hors) mit dem Ort (lieu) verbindet und den er bereits in seiner *Théorie du sujet* einführt. Vgl. dazu etwa: Alain Badiou, *Théorie du sujet*, Paris 1982, S. 28f.

Die Bewegung dieses Textes wird angeleitet von dem Willen, dieses Zeichen nicht in ein Zeichen von Nichts zu konvertieren, von dem Willen, es auf der Höhe seiner Radikalität zu halten und nicht den Ort zu verlieren, an dem es uns an den Punkt führt, in das Nicht-Denken einzutreten, und an den Punkt der Einwilligung, nur noch damit beschäftigt zu sein, gängige Taktiken zu verwalten.

Was auf dem Spiel steht, ist nichts weniger als die Möglichkeit der Philosophie, zur Aufrechterhaltung der Politik in der Ordnung des Denkbaren und zum Heil der Figur des Seins, das sie in sich trägt, gegen die Automatismen des Indifferenten beizutragen.

Die Bewegung besteht darin, gegen das einfache Verzeichnen des Aufgebens, meinen eigenen Weg hinsichtlich der Zerstörung des Marxismus vorzuschlagen und so, geschützt vor dem Verfall, mit den Axiomen der politischen Rekomposition zu beginnen.

August 1984

1.
Zerstörung

Von der Krise des Marxismus muss man heute sagen, dass sie *umfassend* ist. Dabei handelt es sich nicht um eine einfache empirische Eigenschaft. Es ist das Wesen der Krise als Krise sich bis in ihre letzten Konsequenzen zu entfalten, d.h. für den Marxismus, in die Figur seiner Vollendung einzutreten. Und dies nicht in den versprochenen Formen der Vollendung und ihrer Vorgeschichte, sondern im Gegenteil in der wirklich geschichtlichen Modalität der Vollendung, d.h. in dem, was aus dem Marxismus eine zugleich ideologische wie praktische Gegebenheit macht, die klar und einfach ungültig geworden ist.

I. Über das historische Bezugssystem

Um den umfassenden Charakter der Krise zu denken, muss man auf das zurückkommen, was die singuläre Kraft des Marxismus ausgemacht hat und was die – heute ausgeschlossene – Evidenz seiner historischen Bezüge ist. Was den Marxismus in gewisser Weise als universelles Denken der revolutionären Tätigkeit auszeichnete, war in einer axialen Hinsicht nicht seine Fähigkeit zur Untersuchung, nicht seine analytische Kraft, nicht die Beherrschung einer großen Geschichtserzählung, die er garantierte. Es lag ebenso nicht in dem, was er im Bereich des politischen Engagements erlaubte oder vorschrieb. Nein, was die Singularität des Marxismus unter allen aus dem 19. Jahrhundert hervorgegangenen revolutionären Lehren ausmachte, war das historisch attestierte Recht, einen Schlussstrich unter die Geschichte zu ziehen. Der Marxismus, und er allein, präsentierte sich als eine, wenn nicht historisch bestätigte (das ist eher eine andere Angelegenheit), so doch zumindest historisch aktive revolutionäre politische Lehre. Es gab wenigstens ein halbes Jahrhundert lang eine historische Glaubwürdigkeit des Marxismus. Diese Glaubwürdigkeit war tatsächlich die Garantie dafür, dass die marxistische Politik ihrer gründenden Beweglichkeit angemessen blieb und sich vom Politischen, verstanden als rein spekulatives und immer schon verfallenes Dispositiv, ausnahm.

Der Marxismus verknüpft diese historische Glaubwürdigkeit mit drei grundsätzlichen Bezügen, deren Verortung einfach ist, aber deren schwierige interne Artikulation vor allem durch die Arbeit von Paul Sandevince[4] entwickelt wurde:

1) Die Existenz einer Reihe von Staaten mit emblematischer Funktion für die verwirklichte – und nicht nur geplante – revolutionäre Transformation. Diese

---

[4] Zum Beispiel die Artikel von Paul Sandevince in der Nummer 41 von *Le Perroquet*: „La fin des référents“, „Critique des répresentations“, „La politique sous condition“.

Staaten beriefen sich auf den Sozialismus in actu, materialisierten die Stufe des Übergangs zum Kommunismus, verkörperten die Diktatur des Proletariats.

Man ist versucht, diese wesentliche Referenz staatliche Referenz zu nennen. Der Marxismus war die einzige revolutionäre Lehre, deren Schicksal es war, sich in einer Staatslehre zu verkörpern. Durch sie gab es diesen wirksamen Schein einer Verschmelzung des Punktes und des Bandes. Die Idee einer Herrschaft der Nicht-Herrschaft. Von einem subjektiven Standpunkt aus ist es wichtig, hierin das zu sehen, was ich die siegreiche Referenz nennen werde.

Der Marxismus ist als das erlebt worden, wodurch zum ersten Mal in der Geschichte die Unterdrückten, die Arbeiter, die Bauern, indem sie die Waffen nahmen und sich organisierten, wirklich den Gegner besiegen konnten und wirklich die militärische und staatliche Maschinerie zerlegten und zerstörten, in der sich der Wachdienst der alten Unterdrückungen konzentrierte.

Diese Idee des Sieges hat in der Versammlung der Arbeiter, des Volkes und der Intellektuellen im Marxismus eine entscheidende Rolle gespielt. Die Oktoberrevolution war das prächtige Bild der Umkehrung des Prinzips der Macht in der Geschichte. Der Leninismus ist vor allem ein siegreicher Marxismus.

Von diesem Punkt aus haben die sozialistischen Staaten, die UdSSR zumindest von 1917 bis 1956, einen deutlichen Schlussstrich unter die GESCHICHTE gezogen; danach, zwischen 1960 und 1976, China als erneuter Ertrag einer bereits eingefahrenen Ernte. Fast sechzig Jahre lang haben diese Staaten die siegreiche Subjektivität verkörpert. Selbst wenn man die Illusionen und den Schein, von denen es diesbezüglich zuhauf gab, in Rechnung stellt, ist es vielmehr diese Verkörperung, die als die wirkliche staatliche Produktion aktiv war.

Der erste Bezug ist genau diese historische Skandierung, die ein politisches Subjekt um das Thema des Sieges organisiert.

2) Die nationalen Befreiungskriege konstituieren den zweiten Bezug. Es handelt sich um die Erfindung einer neuen Form des Krieges unter der Führung der modernen Parteien. Ein asymmetrischer Krieg, der auf dem Land verwurzelt ist, der die Bauern organisiert und sich langsam und in Etappen entfaltet. China und Vietnam sind dafür beispielhaft. Sicherlich geht es immer noch um den Sieg: Auf Lenins „der Aufstand ist eine Kunst“ antwortet Mao Tse-Tungs „der Volkskrieg ist unbesiegbar.“ Aber noch mehr handelt es sich um eine Vereinigung des nationalen Prinzips mit dem des Volkes. Der nationale Befreiungskrieg stellt eine einheitliche Bewegung auf, die eine Nation gegen den Imperialismus zusammenschmiedet und ein Volk aus den halb-feudalen Zwängen befreit. Unter der marxistischen Hegemonie, mit der Garantie der Partei als Volksorganisation und strategischem Hauptquartier, vollzieht sich die aktive Einheit des Volkes und der Nation. Das Thema des Sieges wird wieder aufgegriffen, aber nun bezieht es sich auf den Krieg im Ausland

wie auf den Bürgerkrieg. Es konstituiert die Nation so wie es die Diktatur der Klassen errichtete. Diese Beispiele, in Bezug auf China, haben in der Jugend der 1960er Jahre eine zweite Welle der Versammlung um den Marxismus bewirkt, dem provisorischen Vermittler der Erschütterungen, die mit dem Ausbruch des Oktober 1917 begonnen haben, und der sich als prekär erweisen musste.

3) Der letzte Bezug ist schließlich die Arbeiterbewegung selbst, dieses Mal einschließlich der Metropolen des Westens und besonders des westlichen Europas. In dem allgemeinen Element der marxistischen Referenz manifestierte diese Bewegung ihre politische Permanenz. Die Gewerkschaften, die marxistischen Parteien waren nach und nach stabile innere Gegebenheiten des politischen Lebens, und damit auch der geregelten Sphäre des Parlamentarismus geworden. Von einem sozialen Standpunkt aus ergab es durchaus Sinn von den „Parteien der Arbeiterklasse" zu sprechen, einer besonderen Mischung eines institutionellen Fortbestandes und einer relativen Dissidenz, einer Haltung der Erwartung und zugleich der eines mittleren Managements, Mischfiguren aus einer Ferne der revolutionären Idee und einer Nähe einer oppositionellen Aktivität.

Diese drei Bezüge, Arbeiterbewegung, nationale Befreiungskämpfe, sozialistische Staaten, ordneten den Marxismus in die wirkliche GESCHICHTE ein und nahmen ihn von den einfachen Meinungen, selbst wenn diese revolutionär waren, aus. Dadurch entwickelte sich die Überzeugung, dass die GESCHICHTE im Sinne der Glaubwürdigkeit des Marxismus arbeite. Der Aufstand, der Staat, der Krieg, die Nation, die Massenbewegung der Gewerkschaft: alle diese Terme, in denen sich – scheinbar – die politische Fähigkeit der Arbeiter zeigte, fanden ihre Artikulation im Marxismus und ihrem höchsten subjektiven Vertreter, in der marxistischen Partei.

Man kann mit „Krise des Marxismus" den schrittweisen Zusammenbruch dieses Dispositivs der Referenzen bezeichnen. Der Marxismus befindet sich heute in der Unmöglichkeit weiterhin Schlussstriche unter die GESCHICHTE zu ziehen. Seine Glaubwürdigkeit ist aufgebraucht und er ist hiermit wieder zurückgeführt auf das gemeinsame Verhältnis der Lehren und Doktrinen.

Über einen Zeitraum von etwa dreißig Jahren hat man gesehen, wie sich der Destitutionsprozess des staatlichen Bezugs (Kritik des „real existierenden Sozialismus") und des Bezugs der nationalen Befreiungen (Kritik der befreiten Nationen, die ihrerseits, wie Vietnam, zur militärischen Expansion fähig waren) öffnet.

Wenn Polen – zumindest seit Danzig 1980 – schließlich die Krise *vollendet*, dann weil in Polen die fast säkulare Verbindung zwischen Marxismus und Arbeiterbewegung in radikaler Weise in eine Krise geraten war: So verschwand in ihrer einfachen Form die dritte und letzte Referenz.

Der staatliche Bezug ist als erster, hauptsächlich ausgehend von der Bilanz der Sowjetunion, in das Zeitalter des Verdachts eingetreten.

Seien wir hier philosophisch wachsam. Der Misskredit, in den die UdSSR gefallen ist, ist so grundsätzlich und die Banalität ihres Fiaskos ist so deutlich, dass es gut sein könnte, dass das Denken auch noch die Spur dessen, was wirklich in diesem historischen Abenteuer auf dem Spiel stand, verloren hat. Die Evidenz ist eine gefährliche Macht der Dissimulation.

Die gewöhnliche Angriffsposition privilegiert den Terror und die Unterdrückung, also die massiv bestätigten Tatsachen, um die UdSSR aus jeder vernünftigen Politik heraus zu katapultieren.

Aber was ist die Ordnung der Gründe, in der sich dies als unvernünftig erweist? Welche denkbare politische Gesundheit wird durch die sowjetische Pathologie diagnostiziert?

Subjektiv steht fest, dass der russische Horror in dem prophetischen Vermögen der Kunst letztlich ans Tageslicht des westlichen Bewusstseins gekommen ist. Das einfache Nennen der Fakten durch Victor Serge, durch David Rousset, und durch viele andere reichte nicht aus. Allein das Genie Solschenizyns hat das Regime der blinden Gewissheiten erschüttert. An diesem Punkt antizipiert die Kunst die Figuren des politischen Bewusstseins.

Für denjenigen, der wie ich zugesteht, dass die Literatur ein Reales benennen kann, demgegenüber die Politik verschlossen bleibt, gibt es hier Grund, einen literarischen Streit zu eröffnen.

Denn man muss die Entschlossenheit haben zuzugeben, dass die Denunziation des Terrors nicht die radikale Kritik der Politik, die ihn gründet, ist und nicht sein kann.

II. Solschenizyn und Schalamow

Der Archipel Gulag soll den Westen an seine Pflicht, an sein Gewissen erinnert haben. Er soll der marxistischen Irreführung der Intellektuellen ein Ende gemacht haben. Die reuigen Revolutionäre, vor das Reale als Horror gestellt, sollen den Weg des Gesetzes und des Rechts wieder gefunden haben.

Zunächst wird man wird mir erlauben, zu würdigen, dass Solschenizyn in einer bestimmten Weise über dieser massiven Rückkehr der französischen Intellektuellen zur parlamentarischen Demokratie als Alpha und Omega der politischen Überzeugung steht (auch wenn dies historisch bedeutete, dass er ihr zugehörte). Es ist offensichtlich, dass sich Solschenizyn nicht um die Menschenrechte schert und sich über die Parlamente lustig macht. Im Herzen seiner Äußerungen liegt das geistige Russland, dessen Leiden die Erlösung der ganzen Menschheit bedeutet. Was ihn interessiert und seine Prosa mit einer esoterischen und grandiosen Spannung belebt, ist die christliche Berufung des russischen Volkes. Stalin war die erforderliche Kreuzigung, damit allein Russland der Welt das Böse der materialistischen Ideologie nennen kann. Dabei weist Solschenizyn absolut die demokratische Schwäche zurück. Gegen die blasphemische Totalität des roten Despoten appelliert er an die Totalität der Seele des Meisters, des Wahren, dessen Transzendenz Russland zur schmerzhaften Missionierung des Jahrhunderts auserwählt hat.

Vom einzigen Punkt, der uns beschäftigt – die Position eines neuen Begriffs der Politik – und so gewaltsam das Paradox erscheinen mag, muss man anerkennen, dass Solschenizyn folglich zur gleichen Dimension des politischen Denkens gehört wie Stalin, dass er gewissermaßen vielmehr dessen Kehrseite als dessen Zerstörung ist.

Der politische Weg Solschenizyns ist sicherlich im Hass Stalins vorgezeichnet. Aber die Stätte dieses Hasses, das, was erlaubt, dass es eine Möglichkeit und kreative Fähigkeit des Hasses gibt, bleibt unbeweglich. Solschenizyn und Stalin denken, der eine wie der andere, ausgehend vom russischen Nationalismus, immer einer populistischen Sublimierung entlehnt, in der die Figur eines Großinquisitors im Herzen eines Sturms der Leiden das Stigma eines Heils, das höher ist als das, zu dem der Westen, feige eingerichtet in seinem Wohlstand und seinem Frieden, fähig ist.

Die Lager sind für Solschenizyn das Argument einer Prophezeiung. Es geht darum, das Dossier des Bösen aktuell zu halten, so dass die geistige Forderung, einem absoluten Verbrechen allein entsprechend, vom Grund des Abgrunds aufgehoben wird (im Hegel'schen Sinn der „Aufhebung").

Als Schriftsteller entfaltet Solschenizyn die Mittel der

russischen Tradition, so wie sie seit langem für dieses große in der Weite und der Kälte verteilte Volk ein singuläres Gleichgewicht des Realismus einrichtet, gewonnen aus dem Dunklen des Umherirrens und des Todes sowie aus der chiliastischen Verherrlichung, deren Heldin die bäuerliche Masse ist.

Solschenizyn hat folglich minutiös das Universum der Lager inventarisiert, um zu begrenzen, was es in ihm – in seiner Logik – an Radikalem gab. Im Westen hat er erlaubt, dass das Bewusstsein des Stalinistischen Phänomens zugleich allgemein (die Lager als Wahrheit des Kommunismus) und oberflächlich (gegen das hilft es nur das Wenige zu bewahren, was man hat) verschoben und begrenzt wurde. Denn die westlichen Intellektuellen kümmerten sich kaum um die mächtige nationale und christliche Problematik Solschenizyns. Ihre Interessen lagen woanders. Es ging darum, dass die Revolution aufhörte der transversale Begriff zu sein, von dem aus man philosophisch die Politik denkt. Hierin dachten sie eine Befreiung zu vollenden, obwohl sie nur die anonymen Träger eines Symptoms der universellen Krise der Politik und ihrer Subtraktion von jeglicher Anstrengung des Denkens waren.

Der symptomale Charakter dieser Loslösung wurde in seiner triebhaften Gewalt ablesbar. Da die ganze Verbindung des Subjekts und der Politik auf dem Spiel stand, reichte es nicht, dass die Revolution unmöglich schien – was sie für einen Lacanianer zum Realen erhoben hätte. Sie musste ein Verbrechen sein. Und weil das beglaubigte wahrhafte politische Verbrechen des Jahrhundert der Nazismus war, hat man das umfangreiche, christliche, nationale und antidemokratische Unternehmen Solschenizyns auf die in der Propaganda unmittelbar wahrnehmbare ideologische Gleichung zurückgeführt: Stalin ist Hitler. Dagegen zählten allein die Parlamente und das freie Unternehmertum.

Insgesamt war Solschenizyn zu russisch, als dass der Westen von ihm etwas anderes hätte entleihen können, als das, was er bereits allein mit den schäbigen Kräften seiner eigenen Reaktion hervorgebracht hatte: dass Stalin totalitär war.

Aber die Kategorie des „Totalitarismus", die selbst nur in ihrer Verbindung mit der Demokratie ein operativer Begriff ist, bleibt, ich habe das gesagt, unterhalb der Herausforderungen der weltweiten Krise des Politischen. Sie öffnet das Denken nicht auf seinen eigenen Imperativ hin. Auch kommt es in der literarischen Bearbeitung Solschenizyns vor, dass uns die politische Intelligenz der russischen Lager, der Millionen von Toten, der verallgemeinerte Terror dessen, was dort geschehen ist und was wir daraus zu machen haben, verschlossen bleibt.

Man darf sich im Schriftsteller nicht täuschen, wenn die Kunst die Möglichkeit des politischen Denkens regiert. So groß wie Solschenizyn auch sein mag, seine Größe ist ein Spiegel der schwarzen Größe, mit welcher Stalin das Desaster der Roten vollendet hat.

Der, nach dem wir uns richten müssen, ist Warlam

Schalamow[5], dessen erste Texte über Kolyma – diese Datierungsfragen sind wichtig – in Frankreich 1969[6] erschienen.

Schalamow ist zwanzig Jahre lang in den nordöstlichen Lagern Sibiriens gewesen. Er ist in Russland gestorben, befreit, aber krank und geistesgestört. Er bedient sich der Lager nicht zu einer Apologetik des Bösen. Er gehört zur anderen russischen Tradition, derjenigen, die die menschliche Physis aus der Nähe betrachtet, und sie über einige übertragbare Prinzipien aufhellt. Wenn er anmerkt, dass die Pferde unter den furchtbaren sibirischen Prüfungen schneller sterben als die Menschen, erklärt er: „Und ich verstand das Wichtigste, daß der Mensch nicht darum zum Menschen geworden ist, weil er Gottes Geschöpf ist [...]. Sondern weil er physisch kräftiger und zäher war als alle Tiere, und später dann, weil er seine geistige Seite erfolgreich

---

5 Warlam Schalamow, *Erzählungen aus Kolyma* (A.d.Ü.: Warlam Schalamow, *Durch den Schnee. Erzählungen aus Kolyma I*, Berlin 2007[3]; ders., *Linkes Ufer. Erzählungen aus Kolyma II*, Berlin 2008).

6 Erzählungen von Schalamow wurden bereits 1969 unter dem Titel *Article 58* bei Denoël publiziert. (A.d.Ü.: Vgl. auch: Warlam Schalamow, *Artikel 58. Die Aufzeichnungen des Häftlings Schalamow*, Köln 1967). Wir merken im Übergang an, dass die Opposition Solschenizyn / Schalamow, die für das ins-Spiel-Setzen des Wesens der Politik passend ist, keine unmittelbare, subjektive Opposition ist. Solschenizyn erkannte vollständig die Größe und selbst die Überlegenheit Schalamows an: „Vielleicht lassen Schalamows Kolyma-Erzählungen den Leser mehr von der Unbarmherzigkeit des insularen Geistes und vom Äußersten an menschlicher Verzweiflung spüren.“ Alexander Solschenizyn: *Der Archipel Gulag*, Bd. 2, Frankfurt am Main 2008, S. 7.

dazu nutzte, der physischen Seite zu dienen."[7]

Kolyma ist eine Reihe von Erzählungen und wenn man einen Vorfahren anführen müsste, wäre es Tschechow, an den man denken würde, aber ein heftiger Tschechow ohne Melancholie, ein postrevolutionärer Tschechow, wenn ich es so nennen kann. Diese Kurzgeschichten halten sich am Rand der Fiktion und der Erinnerung, in Frankreich in einer Ordnung der subtilen Abfolge herausgegeben, die keine Architektur, sondern vielmehr einen Verlauf auferlegen, der mit der Frage beginnt: „Wie tritt man einen Weg in unberührten Schnee?"[8] und abschließt mit: „Das war ein Brief von Pasternak."[9] Man denkt sogleich, dass der Schnee des Leidens auch die Seite eines Buches ist und dass es am Ende „eine" – von Pasternak geliehene – „feurige Schrift gibt, zugleich luftig und klar und lesbar."

Das Universum der Lager, so wie es dieser Verlauf mit einer Art fragmentierten Sanftmut zusammensetzt, ist – offensichtlich – grauenhaft. Der Tod, die Schläge, der Hunger, die Gleichgültigkeit, die Entkräftung sind permanente Markierungen der Existenz. Es ist die ganze Zeit nicht Schalamows Anliegen, alles aus dem Bösen herzuleiten. Es handelt sich vielmehr um ein Welt-Schaffen

---

7 A.d.Ü.: Warlam Schalamow, *Durch den Schnee*, a.a.O., S. 41.

8 A.d.Ü.: Ebd., S. 7.

9 A.d.Ü.: Hier und in einigen weiteren Fällen zitiert Badiou aus noch nicht ins Deutsche übersetzten Erzählungen Schalamows. In diesen Fällen übersetzen wir direkt aus dem Französischen und verzichten auf weitere Angaben.

und zwar so, dass die Ausnahme als Metapher des Normalen gilt und dass das literarische Vertiefen in diesen Alptraum uns zur Universalität eines Wollens erweckt.

Dort, wo Solschenizyn die Archive des Teufels führt, findet Schalamow am Rande des Möglichen den harten Kern einer Ethik. Selbst die geographische Verschanzung Kolymas (man gelangt mit dem Boot dorthin und der Rest des Landes wird von den Häftlingen „der Kontinent" genannt) trägt zum sonderbaren Eindruck bei, dass man es mit einer umgekehrten Utopie zu tun hat. Denn der Leser vergisst zunehmend, dass es sich um Politik handelt, um den Staat, um zentralisierte Untaten, um sich in einer vollständigen Welt einzuschließen, in der alle verzweigten und tiefen Unterschiede des Bewusstseins und des Verhaltens auf das Wesentliche zurückgeführt sind. Dies ist der Punkt, an dem er wieder auf den möglichen Weg einer anderen Wahrnehmung der politischen Wahrheit zurückkehrt.

Stalin ist zum Beispiel für die Gefangenen nur eine beliebige Figur: „Der Tod Stalins hat auf uns, die wir Männer mit Erfahrung waren, keinen großen Eindruck gemacht." Bedeutet das, dass das „System" verantwortlich ist und nicht Stalin, das Individuum? Nichts von dem bei Schalamow. Was die „Männer mit Erfahrung" wissen, ist, dass es vom Standpunkt des Realen der Lager (wie, in einem bestimmten Sinn, der Fabrik) nicht die Beschwörung der großen strukturellen Unterdrückungen ist, die der Zirkulation der Wahrheit dient, sondern die Hartnäckigkeit einzelne Punkte des Bewusstseins und der Praxis festzuhalten, von denen aus das Gedrängte der Stunden aufgehellt und von wo aus die subjektive Auflösung aufgehalten wird. Schalamow schlägt vor, was man eine „Verhaltenscharta“ der Gefangenen nennen könnte – alles in allem ein Klassenstandpunkt: „[...] Ich werde einen Gefangenen wie mich selbst nicht denunzieren, was immer er tut. Ich werde den Posten eines Brigadiers nicht anstreben, der die Möglichkeit gibt, am Leben zu bleiben, denn das schlimmste im Lager ist es, einem anderen Menschen, einem Häftling wie dir, den eigenen (oder irgendeinen fremden) Willen aufzuzwingen. Ich werde nicht nach nützlichen Bekanntschaften suchen und Bestechungsgelder verteilen. Und was habe ich davon, dass ich weiß, dass Iwanow ein Schuft ist, Petrow ein Spion und Saslawskij ein falscher Zeuge?“[10]

Im Übrigen ist es in dieser Perspektive eher das offizielle System – seine Ermittler, seine Schläger, seine Vorsteher – als das Böse, das mit den Gefangenen eine Einheit bildet, in dem Maß, wie es eine Erfahrung, eine Art monströser sozialer Produktion organisiert. Für Schalamow sind nicht die Kommunisten das Grauen, sondern die Ganovenwelt.

„Der Chef ist grob und hart, der Erzieher verlogen, der Arzt gewissenlos, doch all das sind Bagatellen im Vergleich zur zersetzenden Kraft der Ganovenwelt. Die anderen bleiben dennoch Menschen, und ab und zu schaut das Menschliche in ihnen durch. Doch die Gano-

[10] A.d.Ü.: Warlam Schalamow, *Durch den Schnee*, a.a.O., S. 56.

ven sind keine Menschen."[11]

Das Thema der Gauner ist wesentlich für das Buch. Es konzentriert den Hass und das Grauen. Für Schalamow besteht das Verbrechen Stalins weniger in den Lagern als darin, den Gaunern in den Lagern Macht und Handlungsspielraum gegeben zu haben, weswegen es ihnen gegenüber weder ein kollektives Bewusstsein noch verbindliche Prinzipien gibt. Dies ist ein entscheidender Punkt: Für Schalamow ist es nicht die Politik, die die Lager erlaubt hat, sondern ihre Abwesenheit. Nicht ihre staatliche, sondern ihre subjektive Abwesenheit. Die Intellektuellen werden dafür kritisiert aufgrund politischer Schwäche die „Moral" der Gauner angenommen zu haben:

„In einem Wort: der Intellektuelle will […] ein Ganove unter Ganoven sein, ein Krimineller unter Kriminellen. Er stiehlt, er trinkt, er ist selbst zufrieden, wenn er nach allgemeinem Recht bestraft wird: das infame und verfluchte Siegel der Politik wird an ihm schließlich beseitigt. Und im Übrigen gab es niemals etwas Politisches. Es gab keine Politik im Lager."

Schalamow rührt hier an den finsteren Egalitarismus des stalinistischen Lagers. Es ist nicht der Andere, der getroffen wird, wie im Nazi-Lager (der Jude, der Kommunist, der Russe oder der Pole). Es ist der Gleiche. Wenn das Lager die Erfahrung einer Ethik ist, in der der Gegner der Gauner ist, dann weil es selbst ohne dialektische

---

[11] A.d.Ü.: Warlam Schalamow, *Durch den Schnee*, a.a.O., S. 232.

Bedeutung ist. Das Lager erzeugt folglich kein politisches Denken im Hinblick auf den Staat, sondern nur den Weg einer singulären und immanenten Bestimmung:

„Die tödliche Sense Stalins mähte die ganze Welt ohne Unterschied nieder. Alle waren Menschen, zufällig ausgewählt unter den Gleichgültigen, den Feigen, den Bourgeois und selbst den Henkern. Und sie sind Opfer aus Zufall geworden."

Der hier angeführte Zufall barrt jeden Zugang zu einer apologetischen Lehre der Lager, ohne jedoch deswegen dem Irrationalen nachzugeben. Das Lager wird zunächst als Effekt des Realen verstanden, von dem aus, gemäß einer ethischen Hypothese, ein literarischer Wahrheitsanspruch gestaltet wird. Und es ist die tiefe a-politische Einstellung der Opfer, die im Ressort dieses Realen liegt:

„Die Professoren, Parteiarbeiter, Militärs, Ingenieure, Bauern und Arbeiter, die die Gefängnisse jener Zeit überfüllten, hatten eigentlich weiter nichts vorzuweisen [...]. Das Fehlen einer einheitlichen verbindenden Idee schwächte die Moral der Häftlinge außerordentlich. Sie waren weder Gegner der Macht noch Staatsverbrecher und starben, ohne überhaupt zu begreifen, warum sie sterben mussten."[12]

Und weiter:

„Sie versuchten zu vergessen, dass sie politische Häftlinge waren. Übrigens haben sie niemals Politik betrieben, jedenfalls nicht mehr als die anderen «Acht-

---

[12] A.d.Ü.: Warlam Schalamow, *Linkes Ufer*, a.a.O., S. 226.

undfünfziger»[13] der Zeit."

„Das Massaker an tausenden von Menschen in aller Straffreiheit kann gerade nur deshalb gelingen, weil diese Unschuldige waren."

Im Namen der Opfer selbst appelliert ganz *Kolyma* daran, sich nicht in der politischen Unschuld einzurichten. Es ist diese Nicht-Unschuld, die es woanders als in der reinen Reaktion zu erfinden gilt. Um das Grauen zu beenden, ist das Voranschreiten einer Politik erforderlich, die integriert, was ihre Abwesenheit gekostet hat.

Dies begründet in dem Buch auch die Periodisierung der Phänomene. Das perverse und unwandelbare System des Totalitarismus gibt es nicht. Die Lager haben eine klar artikulierte Geschichte. Im Zentrum, das schreckliche Jahr 1937-1938. Genau hier, in der Singularität eines Moments, entfesselt sich die Grausamkeit. Schalamow erklärt ausdrücklich, dass die Folter, die Befragungen und auch die massenweisen Erschießungen der Gefangenen auf das Ende von 1937 datieren. Es gibt das Vor-1937 und das Danach und 1937 selbst, als hätte das Regime in diesem Jahr eine paroxistische Phase seines Prozesses durchlaufen.

Und dann gibt es wie als Rückseite der in allen Erzählungen an den Tropf gelegten ethischen Intelligenz eine Art Poetik des Großen Nordens, in dem die Kälte, der Schnee, die Bäume, die Wildbäche, die den „Krepie-

---

[13] Der Artikel 58 des sowjetischen Gesetzes nannte die „Trotzkisten" und andere politische Feinde des Volkes. Er ermöglichte die schlimmste Auslegung.

renden" als Hindernisse des einfachen Überlebens begegnen, auch eine magische und weit zurückliegende Substanz, eine bedrängende Vertrautheit sind, der Schalamow ganze Erzählungen widmet, wie etwa „Das Krummholz"[14], in der er die Freundschaft zwischen einem Mann und einem Baum schildert. Dies zeigt sich umso intensiver, als diese geschlossene Natur, wie jede andere Sache in den Lagern, nichts Ursprüngliches mit dem gemein hat, der sie beschreibt, und der bei seiner Befreiung schreibt:

„Mit meiner erfrorenen Hand das kalte Geländer berührend und zitternd, den Gestank und den Staub der winterlichen Stadt einatmend, beobachtete ich die eiligen Fußgänger und ich verstand, an welchem Punkt ich ein Städter war. Ich verstand, dass das, was dem Menschen am teuersten, wesentlichsten ist, die Zeit ist, in der seine Heimat geboren wird, während Familie und Liebe noch nicht existieren. Es ist die Zeit der Kindheit und der ersten Jugend. Und mein Herz zog sich zusammen. Ich grüßte Irkutsk von ganzem Herzen. Irkutsk war mein Wologda, mein Moskau."

Man wird verstanden haben, dass die Erzählungen Schalamows nicht die politische Bilanz Stalins oder der Lager sind.

Diese Bilanz liegt in Wahrheit vor uns, denn sie hat zur Bedingung, dass die emanzipatorische Politik, die einzige, der auch die Philosophie zugehören kann, sich

---

[14] A.d.Ü.: Warlam Schalamow, *Durch den Schnee*, a.a.O., S. 222-224.

in dem Element des Aufstands einrichtet, jenseits der tödlichen Krise, die sie heute erfasst. Aber Schalamow hinterlässt uns dieses unendlich Wertvolle: die Prosa, in der der Wille einer solchen Bilanz wurzelt. Schalamow errichtet kein Tribunal, auch wenn er in letzter Instanz urteilt. Er ist eine Form des beispielhaften und übertragbaren Bewusstseins.

Es ist notwendig, dem sowjetischen Terror ins Gesicht zu sehen und zugleich ist es unmöglich einfach zu sagen: „dies sind nicht wir", während man sich die Augen zuhält. Denn dies ist, auf ihre Weise, unsere Geschichte, insofern es darum geht, sie zu denken und sie zu unterbrechen. Schalamow entlässt uns nicht aus dem genauen Blick auf das, von dem man manchmal vorgibt, dass wir es lieber nicht wissen würden. Wir sind, mehr als irgendjemand, an das gebunden, was sich niemals mehr wiederholen wird, was in seinen Fundamenten entwurzelt ist, das Grauen, dessen subjektive Wahrheit Schalamow klar und brüderlich in Prosa fasst.

Der Schriftsteller ist hier ein Wegweiser der Handlung, wenn diese eine Politik neu konstituieren, zusammensetzen will, die dieses Namens würdig, d.h. der veridischen Spannung des Subjekts homogen ist.

Und welcher Wegweiser könnte denjenigen ersetzen, der – wie er es in „Der erste Zahn"[15] erzählt –, in dem Moment, in dem ein Gefangener vor ihm geschlagen wird, versteht, „dass sich alles, mein ganzes Leben, jetzt

---

[15] A.d.Ü.: Warlam Schalamow: *Der erste Zahn*, in: Ders.: *Geschichten aus Kolyma*, Frankfurt am Main 1983, S. 217-223.

entschied.“[16] Und der aus den Reihen hervortritt, um mit zitternder Stimme zu erklären: „Wagen Sie nicht, den Mann zu schlagen“[17] – auf die Gefahr hin, in der folgenden Nacht verprügelt zu werden und seinen ersten Zahn zu verlieren.

Aber der andrerseits auch in „Marcel Proust“ vom Kostbaren der Bücher erzählt, ihrer Weitergabe, ihrem Verlust, und dass er, „von *Auf der Suche nach der verlorenen Zeit* überwältigt gewesen sei“, als er mit dem vierten Band beginnend, man weiß nicht warum, zu einem ihm bekannten Arzthelfer geschickt wird. Er, „ein Mann aus Kolyma, ein Gulag-Gefangener.“

III. Das Ende der Siege

Wenn wir vom Gulag-Gefangenen lesen, bekräftigen wir, ohne auf die Absicht zu verzichten, die Politik zu verwesentlichen, die Gewissheit, dass die staatliche Referenz der Politik vollkommen zerstört ist. Aber mit diesem Waisenhaus des Realen dringt auch eine Teilung und eine Doppeldeutigkeit in das ein, dessen Emblem dieser Staat war: in den Begriff des Sieges. Was heißt es, zu siegen? Während des gesamten 19. Jahrhunderts blieb diese Frage für das politische Bewusstsein der Arbeiter dunkel. Der Leninismus – der Marxismus der „Epoche der sieg-

---

[16] A.d.Ü.: Ebd., S. 220.

[17] A.d.Ü.: Ebd., S. 220.

reichen proletarischen Revolution", wie man sagte – hatte in diesem Punkt Klarheit gebracht: Siegen bedeutete, sich zu engagieren, unter den besonderen nationalen Bedingungen, auf dem durch den vom Oktober 1917 und der UdSSR eröffneten Weg. Der Sieg hatte seine Heimat, die „Heimat des Sozialismus".

Aber hier wird der Sieg expatriiert. Die UdSSR, China oder irgendein Staat, sogar in dem gemeinen Bewusstsein derer, die angeben, sich auf ihn zu berufen, hören auf, das Emblem des Sieges zu sein, sie werden sogar dessen Inversion, das schwarze Zeichen, und es ist der Sieg, der der Unstetigkeit und dem Verdacht ausgesetzt ist. Als erster marxistischer Begriffe ist jener der Diktatur des Proletariats davon betroffen, der am meisten kompromittierte in der aus dem Oktober hervorgegangenen siegreichen Subjektivität. Dass er in die Krise gerät, verdunkelt die Abgrenzung zwischen dem als politischem Realismus verstandenen Marxismus und den anderen Strömungen revolutionären Denkens. Die Diktatur des Proletariats war in gewisser Weise das begriffliche Mark des siegreichen politischen Prozesses, eine Bestimmung, die das allgemeine Thema der proletarischen politischen Fähigkeit (die Diktatur des Proletariats als Symmetrie zur Diktatur der Bourgeoisie) und der besonderen Form des postrevolutionären Staates (die Diktatur des Proletariats als Wesen der Klasse des sozialistischen Staates) betraf. Die Infragestellung der UdSSR als Geschichtlichkeit des Sieges erschüttert die begriffliche Bestimmtheit dieser Kreuzung.

Der zweite Bezug (die nationalen Befreiungen) wurde durch die Verstaatlichung Vietnams destituiert, zumal für die Jugend der westlichen Länder gerade das unterstützende Engagement für den Kampf der Völker in Indochina eine wesentliche Quelle des politischen Radikalismus war. Vietnam erscheint heute als eine expansionistische, militärische Macht, nah an das sowjetische Dispositiv angelehnt, dessen starke nationale Dynamik nicht organisch mit einer Dynamik des Volkes verbunden ist. Die heute deutliche Teilung zwischen dem vietnamesischen Nationalismus und dem Engagement des Volkes stellt die Berechtigung dessen in Frage, was, in der vorherigen Sequenz, die Propaganda ihrer vorausgesetzten Vereinigung bekräftigte. Der so genannte „Volks"-Krieg hat ohne Zweifel die nationale Frage siegreich unterstützt. Aber hat er es in einer dialektischen Einheit mit der Emanzipation des Volkes getan? Man kann sich heute fragen, ob das, was als diese Einheit des Volkes verstanden worden war, nicht einfach eine spezifische Technik des nationalen Krieges war, die allgemeine zeitgenössische Form, die dieser Krieg in unserer Epoche annimmt, ohne dass dieser Form notwendigerweise eine emanzipatorische politische Universalität des Volks inhärent ist. Wenn es deshalb richtig bleibt – im Rahmen der notwendigen Befreiung der Nationen –, die Anstrengung des Krieges der Völker Indochinas unterstützt zu haben, ist es erforderlich, diese Berechtigung von all jenem abzugrenzen, was sie zu überschreiten vorgab, indem der Volkskrieg als tiefe Quelle einer politischen Neuheit und als Obdach einer Regeneration des Marxismus verstanden wurde. Vielmehr noch hat der Vietnamkrieg – seine Folgen zeigen es – aufgezeigt, wozu der Nationalismus, was die den Bedingungen der Zeit angepassten Erfindungen angeht, noch fähig war. Er hat bewiesen, dass nicht nur die (bürgerliche) Epoche der nationalen Kriege noch nicht vorüber war, sondern dass sie noch immer politische und militärische Innovationspotenziale beinhaltete. Dies ist eine nützliche Lehre für den analytischen Marxismus, ohne jedoch ein Trost für den militanten Marxismus zu sein. Die Taktiken und Prinzipien des fortgesetzten Krieges sind heute Bestandteil des universellen Arsenals der politischen Methoden. Ihr Klassencharakter ist aufgezehrt und wenn es sich um marxistische Erfindungen handelt, taugt ihr fortgesetzter Gebrauch nicht länger als Referenz für die revolutionäre Spezifizität des Marxismus.

IV. Die universale Bedeutung der polnischen Arbeiterbewegung

Wenn die Staaten und die Kriege wieder in Zweifel gezogen werden, kann man sich dann auf die alleinige Betrachtung der sozialen Bewegung, besonders in ihrer Figur des Arbeiters zurückziehen? Kann man die Verbindung zwischen einem von den staatlichen Abenteuern des Jahrhunderts befreiten Marxismus und der Spontaneität dessen, was ich die Hysterien des Sozialen nenne, am Leben halten? Es würde sich um das politische Leben einer einzigartigen Referenz handeln, die außerhalb ihrer selbst unbezeugt ist, und die weder im Staat noch in der Nation – nicht einmal im Volk – repräsentierbar ist.

Jedoch, um welches „Leben" handelt es sich? Wo und wie hat die Arbeiterklasse mittels ihrer eigenen Kräfte ihre unabhängige politische Fähigkeit bewiesen, wenn man die Erfahrung des sowjetischen – oder chinesischen – Staates, wie auch die der nationalen Befreiungen ausnimmt? Hält man sich an Europa, was lässt sich Wesentliches seit dem Spartakusaufstand von 1919 in Deutschland anführen? Und weiter, was ist demjenigen entgegen zu halten, der hinsichtlich der geschichtlichen Erfahrung nur die Hinführung der Massen unter Leitung der reinen Marxisten zu blutigen Misserfolgen registriert? Dem stellt sich als Alternative nur eine langsame parlamentarische Korrumpierung, deren entwürdigendes Spektakel uns die PCF[18] bietet, entgegen. Die Arbeiterbewegung, verstanden als sozial bestimmte Bewegung, scheint weniger als Bezug zu funktionieren, denn als eine Wiederholung dessen, was seit jeher, erst für die Sklaven, dann für die Bauern, das Los der Unterdrückten gewesen ist: den Wechsel zwischen schweigsamer Unterwerfung und im Blut ertränkten Aufstand zu praktizieren. Zwischen den beiden: der Streik, der nur die Gehälter ändert. Setzt man voraus, dass die politische Fähigkeit der Arbeiter unter

[18] A.d.Ü.: Kommunistische Partei Frankreichs.

dem Gesetz des Kapitals und des Empires nicht das universale Prinzip der Revolte in seinen gewaltsamen oder geregelten Formen überschreitet, scheint man die letzte Grundlage der marxistischen Hypothese zu ruinieren.

An diesem Punkt hat die polnische Arbeiterbewegung, von 1980 bis wenigstens 1984, eine Neuheit eingeführt; eine Neuheit, die bleibt, was auch immer die Peripetien und taktischen Misserfolge ihrer konkreten Geschichte sein mögen. Es ist in der Tat vollkommen möglich, dass diese Bewegung die unmittelbaren Ressourcen des Sinns erschöpft hat, die ihre erste Etappe zur Verfügung gestellt hatte. Es kann sein, dass sie heute besiegt ist oder stagniert. Jedoch impliziert die Autonomie der Politik die ihrer Genealogie. Was genau bedeutet übrigens der „Misserfolg" der polnischen Bewegung, wenn sie selber affirmierte, dass ihr Ziel nicht im „Siegen" lag? Dies alles bleibt zu denken. Wenn sogar Polen – als Ereignis – aus der journalistischen Aktualität verschwunden ist, braucht es dessen noch sehr viel, damit die Neuheit, die es brachte, vollständig verfügbar wird.

Diese Neuheit ist umso beachtlicher als die polnische Bewegung in vielerlei Hinsicht die klassischste Arbeiterbewegung war – die klassischste „marxistische" Bewegung –, die man in Europa seit Beginn des Jahrhunderts gesehen hatte. In Polen war und ist die Klasse der Fabrikarbeiter immer noch, sogar im Misserfolg, universal als politische Stütze dessen anerkannt, was die Polen „die Gesellschaft" nennen. Die Arbeiterklasse war keine einfache Komponente der allgemeinen sozialen Bewegung, sie hat in ihr nicht gezählt. Vielmehr ist sie es, die ausgehend von sich selbst das Zentrum der Entfaltung des neuen politischen Denkens im gesamten sozialen Körper konstituiert hat. Intellektuelle, Bauern, die Jugend der Städte standen nach ihrem eigenen Eingeständnis unter der politischen Garantie der demokratischen Organisation der Fabriken. Die politische Debatte ist in ihrem praktischen Wesen auf die Arbeiterdebatte verwiesen.

Nun muss man zur Kenntnis nehmen, dass dieses politische Denken der Arbeiter in einer fast chemisch reinen Weise Position gegenüber dem Marxismus-Leninismus bezogen hat. Die Arbeiterbewegung selbst, die sich politisch über Massenereignisse konstituiert hat, organisierte ihr eigenes Denken in einer radikalen Fremdheit gegenüber dem Marxismus-Leninismus.

Hier ist also eine Bewegung, die einerseits zum ersten Mal seit langer Zeit die ursprüngliche Hypothese des Marxismus zu verifizieren scheint: die Existenz einer spezifisch proletarischen politischen Fähigkeit, die zur bourgeoisen politischen Fähigkeit heterogen ist; und die andererseits diese Verifizierung nur in der namentlichen Inversion der Hypothese selbst realisiert, in dem Element der Feindseligkeit gegenüber dem, was ihr Taufname war, nämlich der Marxismus.

Daraus, dass die größte zeitgenössische Arbeiterbewegung die Selbstentwicklung ihres politischen Denkens nur in einer kompletten Äußerlichkeit zum Marxismus-Leninismus gefunden hat, was auch immer dabei der Anteil der nationalen Zwänge (Kirche usw.) gewesen sein mag, resultiert nach meinem Verständnis, dass sich unter unseren Augen das organische Band des Marxismus und der sozialen Arbeiterreferenz universal aufgelöst hat.

So konstituieren heute weder die sozialistischen Staaten, noch die nationalen Befreiungskämpfe, noch die Arbeiterbewegung historische Bezüge, die tauglich wären, die konkrete Universalität des Marxismus zu garantieren.

V. Die reaktive Bedeutung des zeitgenössischen Antimarxismus

Es ist nicht übertrieben zu sagen, dass der Marxismus historisch besiegt ist. Wenn die lebendige Substanz seiner Verkörperung ohnmächtig wird, gehört seine begriffliche Erhaltung nur noch der Diskursordnung an, die auf das gemeine Schicksal zurückverweist.

Angesichts dieser Zerstörung gibt es selbstverständlich zwei Wege, zwei Orientierungen des Denkens.

Die erste läuft darauf hinaus zu sagen, dass der Marxismus von der Geschichte verurteilt und verdammt worden ist. Da der Marxismus ja positive Garantien der Geschichte forderte, muss er nach seinen eigenen Kriterien beurteilt werden. Die historische Zerstörung des Marxismus bedeutet nichts anderes als seinen Tod, als universales Ereignis des politischen Denkens. Der „real existierende" Sozialismus ist das Urteil, das von der Geschichte über die Geschichtlichkeit des Marxismus selbst gesprochen wurde: Er hat gelebt. Was von seiner Erscheinung überlebt, ist nur ein Sprachkadaver, ein Diskurs, der sich nur durch die Lüge des Todes erhält.

Diese heute so weit verbreitete Idee versteht sich sozusagen von selbst. Es ist der prinzipielle Einwand, den man ihm entgegen halten kann. Heute zu sagen, dass der Marxismus vom Standpunkt des lebendigen Denkens aus tot ist, ist eine einfache Feststellung. In ihr liegt keine tiefe Idee, keine Entdeckung. Es ist eine gewöhnliche Idee, von der es Grund gibt, zu befürchten, dass sie nur der Schein einer Klarheit ist.

Es überrascht hingegen, dass diese Idee bislang nur eine rein reaktive Fruchtbarkeit besaß. Was ist heute die dominante Verwendung der Idee, dass der Marxismus tot ist? Was ist die in einem großen Maßstab aus ihr gezogene Konsequenz? Es ist ganz einfach, dass die allgemeine Idee einer Politik, die anders ist als die Verwaltung von Zwängen – folglich eine Politik, die des Denkens würdig ist – selbst tot ist. Und dass eine solche Politik, in der das Denken Buchhalter des Seins – und nicht der einfachen Notwendigkeit – wäre, ein schädliches Abenteuer ist. Ist es nicht tatsächlich schädlich sich dem Tod unterzuordnen? Die Antimarxisten der neuen Generation halten es für gesichert, dass man vor allem das bewahren muss, was man immer hat: die Freiheiten, das westliche Denken, die Menschenrechte. Anders gesagt, das politische Wesen des zeitgenössischen Antimarxismus ist faktisch die Unterstützung – und zum ersten Mal die massive Unterstützung – der parlamentarischen Form der Länder des Westens durch die Intellektuellen und der Verzicht auf jeden Radikalismus, auf jede Wesenhaftigkeit der Politik, gewesen.

Dieser Modus der Reflexion der historischen Zerstörung des Marxismus läuft darauf hinaus, reaktiv die Tugenden der parlamentarischen Demokratie als verbesserungsfähige, aber wesentlich gute Form des Staates zu denken. Dieser Kritik der Politik gelingt es nicht, die reine und einfache Rückkehr zur liberalen Theorie der Politik zu überschreiten. Das Recht ist als das wiederhergestellt, dessen Fundament die Philosophie sichern muss. Erstes Beispiel einer Kritik, deren Zeugnis die Restauration eines klassischen Zeitalters des politischen Philosophems ist.

Der zeitgenössische Antimarxismus folgt also einem konservativen und westlichen Trieb. Der Antimarxismus hat eine reaktive begriffliche Formation zum Kern, in welcher die historische Dynamik durch den Geist der konservativen demokratischen Spiritualität ersetzt ist. Es handelt sich hier um ein veritables Desaster des Denkens, dessen konjunkturelle Induktion das Desaster des Marxismus ist. Dieses Desaster hat jegliche Radikalität aus der philosophischen Frage in Bezug auf das Politische entfernt. Hier ist der Rückzug vielmehr ein Debakel.

Was der zeitgenössische Antimarxismus als den Misserfolg und die Lüge des Marxismus bezeichnet, erhebt sich nicht einmal bis zum radikalen Denken der Effekte der Zerstörung des Marxismus.

Bringen wir dieses Paradox voran: Wenn wir uns

„Marxisten“ nennen – und was auch immer heute der Sinn dieses Ausdrucks ist – werden wir sagen, dass die Dinge sicherlich schlimmer sind, als es sich der Antimarxismus vorstellt. Denn die antimarxistische Kritik (der Gulag, das Ende der Freiheiten, die Verteidigung des Westens...) ist nur die Wiederholung sehr alter Einwände. Wenn es nur diese gäbe, könnten wir darauf mit den alten Widerlegungen antworten.

In der Krise des Marxismus gibt es mehr, als der Antimarxismus zu träumen wagt.

Symmetrisch dazu läuft eine dogmatische Verteidigung des Marxismus darauf hinaus, die alten Widerlegungen alter Einwände zu wiederholen, die wiederum der zeitgenössische Antimarxismus wiederholt.

Neuer Antimarxismus und alter defensiver Marxismus sind zwei Aspekte ein und desselben Phänomens, welches das Phänomen der Aufrechterhaltung des Politischen in seinem Rückzug bis zu dem Punkt ist, an dem das Denken vor seinem eigenen Imperativ der Krise abdankt.

Im Gegenzug besteht die widersprüchliche Auswirkung der Neuheit darin, dass sich die „marxistische“ Arbeiterobjektivität der polnischen Bewegung im subjektiven Antimarxismus entfaltet. Denn das, worum es sich handelt, ist eine neue politische Konfiguration der Arbeiterfähigkeit, und folglich eine neue, noch stille, Konfiguration des Marxismus selbst.

Aber um diese Neuheit zu denken, muss man an folgender Aussage festhalten, der einzigen, die nicht reaktiv ist – denn jedes antimarxistische Denken der historischen Zerstörung des Marxismus erweist sich als reaktiv: Das zeitgenössische Sein dessen, was die neue Figur der Politik klar und deutlich aussprechen und was sich weiterhin „Marxismus" nennen können wird, welcher die emanzipatorische Hypothese fortsetzen muss, bedeutet nichts anderes, als das vollständige Denken seiner Zerstörung.

VI. Die zerstörerische Subjektivierung und die Delokalisierung

Der Marxismus ist heute nicht tot. Er ist historisch zerstört. Aber es gibt ein Sein dieser Zerstörung. Genauer: Es ist möglich und erforderlich sich in der Immanenz der Zerstörung zu halten.

Die reale Existenz des Marxismus ist in jeder Etappe seiner Entwicklung ein immanentes politisches Gegebenes. Der Marxismus ist keine Lehre. Er ist der Name des Eins für ein konstituiertes Netz politischer Praktiken. Die Vision der Krise des Marxismus als einem realen (der „real existierende Sozialismus"), die einen Diskurs (die marxistische Lehre) verurteilte und disqualifizierte, kann ihre Ziele nur verfehlen. Der Marxismus ist seinerseits tatsächlich nur „real existierend", insofern sich durch ihn ein politisches Subjekt erhält. Daraus resultiert, dass das Denken der Zerstörung des Marxismus sich als historischer Moment eines politischen Subjekts bestimmt. Die

Juxtaposition eines Realen und einer Ideologie führt zu einem Mangel des Marxismus, sie erlaubt weder seine Kraft noch seine Schwäche zu denken.

Die grundsätzliche Frage ist folglich, wo der Punkt liegt, an dem man die Zerstörung des Marxismus untersucht. Nimmt man, oder nimmt man nicht, teil an dem, was in seinem Zerstörungsprozess ist? Ich behaupte, dass das radikale Denken der Krise des Marxismus erfordert, dass man in der subjektiven und politischen Position der Immanenz dieser Krise ist.

Man muss Subjekt der Zerstörung des Marxismus sein, um dafür den Begriff vorzuschlagen. Jede Exzentrierung bringt ein farbloses und äußerliches, repetitives und reaktives Denken dieser fundamentalen Krise der Politik hervor.

Ich sage klarerweise nicht, dass man an den Marxismus „glauben" muss, um ihn zu kritisieren. Was mich anbelangt, so glaube ich überhaupt nicht an den Marxismus. Ich stelle keine Glaubens- oder Bündnishypothese auf. Der Marxismus ist in keiner Weise eine große Erzählung. Der Marxismus ist die Konsistenz eines politischen Subjekts, einer heterogenen politischen Fähigkeit. Er ist das Leben einer Hypothese. Die extreme Gefahr, in der sich diese Konsistenz befindet, beweist sich in der subjektiven Erfahrung dieser Gefahr. Der Beweis dieser Fähigkeit an den Grenzen der Inexistenz erfordert, dass man mit ihr inexistiert. Denn die Äußerlichkeit, das zeigt die Erfahrung, führt zu einem äußerlichen Begriff der Krise, zur Prozessualisierung der Ideologie durch die

Vorannahmen eines politischen abgetrennten Realen. Die Krise der Politik ist auf den Rückzug des Politischen zurückgeführt. Aber der Marxismus ist genau in der Krise, in sich selbst den Einbruch des Realen auszuhalten. Vom zerstörten Marxismus aus lässt sich der Druck des Realen erfahren, der den historischen Prozess dieser Zerstörung anleitet.

Es gibt in der Untersuchung der Krise der Politik eine topologische Frage. In welcher Nähe mit dem In-Zerstörung-Sein des Marxismus kann man sich behaupten? Welches immanenten Mutes versichert sich das Denken? Auf diese Nähe und diesen Mut zielen wir mit der Aussage: Das radikale Denken der Zerstörung des Marxismus ist in seinem Wesen nichts anderes als die aktuelle Figur des Marxismus als Politik. Hier liegt der aktive Zugang zum zeitgenössischen politischen Subjekt.

Subjekt der Krise des Marxismus zu sein, steht der Idee entgegen, deren Objekt zu sein. Was heißt es, deren Objekt zu sein? Das heißt: den Marxismus zu verteidigen; den Lehrkörper gegen die Zerstörung zu verteidigen. Das heißt: im künstlichen Leben des Diskurses alle toten Referenzen aufrechtzuerhalten. Das heißt: weiterhin Schlussstriche unter die Geschichte zu ziehen, obwohl die Glaubwürdigkeit erschöpft ist. Es gibt heute eine, sagen wir, marxistisch-leninistische Art für den Marxismus zu plädieren, die nichts anderes als eine Figur seines Todes ist. Dieser Marxismus, der sich der Existenz starker Staaten versichert oder der Annahme, es existierte eine politische „Arbeiterklasse“, hat nicht mehr den Mut des Denkens. Er ist ein staatlicher Fortbestand, eine Apparatur der großen Parteien, der großen Gewerkschaften, politisch monströs und philosophisch steril.

Kein Marxist kann heute anders im Denken existieren, denn als ein der Zerstörung des Marxismus‘ nahes Subjekt. Die Proklamierung der Gesundheit des Marxismus‘ durch Staaten oder Parteien oder akademische Intellektuelle ist eine tödliche Medizin.

Treiben wir die Idee weiter voran. In Wahrheit können allein Politiken den Marxismus und besonders die marxistisch-leninistische Form des Marxismus real zerstören. Der Grund der Zerstörung, das Durchqueren selbst des Todes dessen, was sterben muss und der Geburt dessen, was geboren werden muss, sind die Aufgaben der marxistischen Politiken eines neuen Typs. Denn der Tod und die Geburt sind selbst immanente Phänomene.

Was ist heute ein Marxist? Es ist derjenige, der in der Zerstörung des Marxismus in einer subjektiven Position ist, der auf immanente Weise ausspricht, was sterben muss und der folglich selbst stirbt, dabei diesen Tod als Rekomposition der Politik anordnend. Während dieses ganzen praktischen Prozesses kann das tatsächlich politische Denken der Zerstörung des Marxismus produziert werden.

Sich innerhalb des Marxismus‘ aufzuhalten, bedeutet einen zerstörten, also unbewohnbaren Ort zu besetzen. Ich behaupte, dass es eine marxistische Subjektivität gibt, die das Unbewohnbare bewohnt. Sie ist angesichts des zerstörten Marxismus in einer Situation des Innen / Außen. Die Topologie der Politik, die am Ort des Unbewohnbaren zu denken bleibt, gehört der Ordnung der Torsion[19] an: weder dem marxistisch-leninistischen Erbe innerlich, noch reaktive Äußerlichkeit des Antimarxismus. Dieses Verhältnis der Torsion setzt sich jeder übertriebenen Siegesgewissheit des vorherigen Marxismus, der unfehlbaren Geradheit der „richtigen Linie" entgegen. Das politische Denken bezieht sich heute nur durch ein verzerrtes Verhältnis auf seine eigene Geschichte.

Dies lässt sich auch anders ausdrücken: Heute sind die Bezüge der Politik nicht marxistisch. Es gibt eine fundamentale Delokalisierung des Marxismus. Vorher gab es eine Art Selbstreferenz, denn der Marxismus bezog seine allgemeine Glaubwürdigkeit von den Staaten, die sich marxistisch nannten, von den nationalen Befreiungskämpfen unter der Führung marxistischer Parteien, von den Arbeiterbewegungen, die von marxistischen Gewerkschaften eingerahmt waren. Aber dieses Bezugssystem ist verschwunden. Die großen historischen Pulsschläge der Masse beziehen sich – zumindest – seit dem Ende der Kulturrevolution in China nicht mehr auf den Marxismus: Sehen Sie nach Polen oder auf den Iran. Es gibt aufgrund dieser Tatsache eine Expatriierung der Politik. Ihre historische Territorialität ist ihr nicht mehr transitiv. Die Ära der Selbstreferenz ist geschlossen. Die

---

[19] A.d.Ü.: Vgl. zum Begriff der Torsion: Alain Badiou, *Théorie du sujet*, a.a.O., S. 165-174.

Politik hat keine historische Heimat mehr.

Alle mit einem realen Arbeiter- oder Volksleben versehenen politischen Bezüge sind heute im Verhältnis zum Marxismus atypisch, delokalisiert, unstet. Jeder beliebige orthodoxe Marxist wird einwenden, dass die polnische Bewegung national und religiös ist, dass die iranische Bewegung religiös und fanatisch ist, dass hier im Grunde nichts den Marxismus betrifft. Und dieser orthodoxe Marxismus wird nur ein leeres Objekt in dem Prozess der Zerstörung des Marxismus sein.

Es betrifft das Wesen der realen Politik, dass ihr die historischen Bezüge über die Wege der Orthodoxie undenkbar bleiben. Die Orthodoxie ist eine geradlinige Meinung, aber der Marxismus ist Torsion, er hat nicht länger die Mittel, um eine Geradlinigkeit des Denkens zu sein.

Man muss sich in dem delokalisierten Ort aufhalten, an dem das Denken dessen hergestellt wird, was die Orthodoxie als undenkbar repräsentiert.

In Wahrheit bleibt uns nur der unbewohnbare Ort einer kommenden marxistischen Heterodoxie.

VII. Die Figur des (Neu)Beginns

Wenn der Marxismus nicht zu verteidigen ist, muss man ihn beginnen.

Der Marxismus hat schon einmal begonnen, zwischen 1840 und 1850. In der Geschichte, die von diesem Beginn inauguriert wurde, durchlief er dann Etappen, z.B.

den Sieg des Oktober 1917 und die theoretisch-politische Form des Leninismus. Heute handelt es sich um wesentlich mehr als um eine Etappe. Von einer Etappe zu sprechen, bedeutet, dass der erste Beginn noch immer gilt. Wir stellen die radikale Hypothese auf, dass dieser Beginn gerade aufgehört hat gültig zu sein und dass sich ein ganzer Zyklus der Existenz des Marxismus in der Expatriierung vollendet.

Als Marx den Marxismus begründete, war seine fundamentale Referenz die Arbeiterbewegung. Es gab weder die Referenz sozialistischer Staaten noch die der nationalen Befreiung. Das war offensichtlich keine Selbstreferenz. Die Arbeiterbewegung war in ihrer historischen Emergenz ab den Jahren 1820-1830 sicherlich nicht „marxistisch". Wenn wir das Manifest der Kommunistischen Partei, diesen absolut inauguralen Text, erneut lesen, dann sehen wir, dass Marx sein politisches Denken ausdrücklich auf der Annahme der vollkommen unabhängigen Existenz der Arbeiterbewegung aufbaut. Der Ausgangspunkt ist: „Es gibt die revolutionäre Arbeiterbewegung." Das heißt, das, was ein Subjekt im Symptom als Hindernis bezeichnet, an dem es sich entbindet. Das ist ein reines „Es gibt", es ist ein Reales. In Hinsicht auf dieses „Es gibt", stellt Marx seine Thesen auf. Dies ist der Sinn der rätselhaften Formel, nach der „die Kommunisten keine besondere Partei gegenüber den andern Arbeiterparteien"[20] sind. Die Kommunisten,

[20] A.d.Ü.: Karl Marx / Friedrich Engels, *Manifest der Kommunistischen Partei*, Berlin 1969, S. 57.

so wie Marx ihre politische Bezeichnung begründet, sind nicht um diese Bezeichnung herum gruppiert. Sie sind keine Fraktion, deren Einheit eine Lehre ist. Die Kommunisten sind eine existierende Dimension der ganzen Menge der Arbeiterklasse, was Marx die „Arbeiterparteien" nennt. Die „Kommunistische Partei" ist ein allgemeines Attribut der Arbeiterparteien. Marx bemüht sich, dieses Attribut zu isolieren und zu denken, wodurch sich das gesamte Reale der Arbeiterbewegung als politisches Reales erweist.

Schließlich ist die These von Marx nicht nur: „Es gibt die Arbeiterbewegung." Die These von Marx ist auch: „Es gibt Kommunisten", es gibt diese spezifische irreduzible Dimension der Arbeiterbewegung, deren Kriterien er anzugeben und deren politische Konsistenz er herzustellen versucht. Dort liegt die interpretative Operation, die die Wahrheit der proletarischen Politik formuliert, deren begrifflicher Name jener der Kommunistischen Partei ist.

Dies ist die Figur des Beginns. Es handelt sich nicht darum, einen Teil des existierenden Phänomens abzutrennen und zu strukturieren. Es handelt sich um ein „Es gibt", um den Akt des Denkens im Schnitt eines Realen. Es handelt sich um eine Form der Nähe des politischen Denkens zum Realen der Arbeiterbewegung, die in ihren Attributen, ihren Symptomen, und besonders im kommunistischen Attribut gegeben ist. Wenn Marx erklärt, dass ein Gespenst in Europa umgeht, das Gespenst des Kommunismus, dann gibt er nicht vor, selbst das

Gespenst zu sein oder durch seine Lehre die bedrohliche Figur zur Erscheinung zu bringen. Sein Anliegen ist, diese Heimsuchung im Element der Wahrheit zu denken.

Darauf folgte die lange Geschichte der Marxisierung der Arbeiterbewegung. Die Lehre von der „Vereinigung von Marxismus und der realen Arbeiterbewegung". Die deutsche Sozialdemokratische Partei, Oktober 1917, die Dritte Internationale: alles das, was das Bezugssystem konstituiert hat, von dem wir zu Anfang gesprochen haben. In dieser langen Geschichte wird der Marxismus das reflexive Denken dieser Marxisierung werden. Er wird die Selbstreferenz begründen. Der Marxismus spricht dann vom Modus, in dem der Marxismus in das Reale des Klassenkampfes eindringt: marxistische Parteien, marxistische Führungen, marxistische Staaten. Das „Es gibt" wird: „Es gibt Marxismus". Während dieser gesamten Sequenz erweist sich der Marxismus als fähig, von sich selbst, von seiner historischen Glaubwürdigkeit, von seinem Siegesmarsch zu sprechen. Diese Arbeit ist notwendigerweise auch die der Fiktionalisierung. Der Marxismus wird selbst seine eigene Repräsentation.

Die Krise der Bezüge bedeutet, dass der Marxismus heute nicht mehr in der Verfassung ist, sich selbst in der Erfahrung zu denken. Er begegnet sich nicht selbst als strukturierender Kraft der realen Geschichte. Alle diese Erfahrungen, die im Verhältnis zum Marxismus delokalisiert sind, bieten eine Diskontinuität in der vorherigen Geschichte der Marxisierung der Geschichte an. Das Objekt des Marxismus könnte nicht die Marxisierung sein. Darin besteht auch die Chance, die Politik aus der marxisierten Form des politischen Philosophems zu befreien.

Wir sind folglich auf die Figur des Beginns zurückgeführt: Wir gehen nicht mehr vom „Es gibt den Marxismus" aus, denn dieses „Es gibt" befindet sich in seiner Zerstörung. Wir gehen aus vom „Es gibt" eines Schnitts und in der Absicht dieses „Es gibt" schlagen wir, wie Marx im Manifest, inaugurale politische Hypothesen vor. Noch genauer: Wir (re)formulieren die Hypothese einer politischen Fähigkeit, die sich der Nicht-Herrschaft verschrieben hat.

Deswegen ist es richtig zu sagen, dass der Marxismus seine erste Existenz vollendet. Es gibt einen durchlaufenen Zyklus und ich benutze „Zyklus", um ihn von einer einfachen Etappe zu unterscheiden. Was vollendet ist, ist ein erster Zyklus der Marxisierung, der bis an den Punkt geführt wurde, dass diese Marxisierung sich vollständig als Objekt des Marxismus entzieht. Diese Marxisierung hat einen Haufen Dinge hervorgebracht, bewundernswerte und schreckliche, sie hat das Werk von Marx hervorgebracht, den Oktober 1917, Stalin, die Dritte Internationale, die chinesische Revolution, die Befreiung der Nationen Indochinas. Und es gibt, es liegt gerade hinter uns, an uns haftend, die extreme Grenze dieses Zyklus', die bereits seine Vollendung bewirkt und die, sagen wir, von der chinesischen Kulturrevolution bis zur polnischen Arbeiterbewegung reicht.

Was sich in diesem Zyklus als Existenzprinzip des

Marxismus gezeigt hat, ist in weiten Teilen ungültig. Deswegen werden wir zu einer Figur des Beginns geleitet. Die heutigen wahrhaften Politiken sind nicht zur Marxisierung zeitgenössisch, sondern zu einem historisch-politischen „Es gibt", dessen emanzipatorische Dimension, die Heterogenität zu den (auch den marxistischen) Figuren der Herrschaft, es erneut zu denken gilt.

Wir müssen das *Manifest* erneut schreiben.

VIII. Die Rück-kehr der Quellen

Was wird in der Figur des (Neu)Beginns aus dem, was man die „Errungenschaften des Marxismus" nennt? Ist der Neubeginn als Dekonstruktion des Marxismus-Leninismus das reine und einfache Vergessen dieser „Errungenschaften"? Die Frage hat so viel Sinn, weder mehr noch weniger, wie jene, die danach fragte, ob die ontologische Kehre des Denkens das vollständige Vergessen der Metaphysik bedeuten muss. Denn der Marxismus-Leninismus ist unverkennbar die metaphysische Epoche der politischen Ontologie.

Marx ist in der Ordnung des Denkens nicht von nichts ausgegangen. Hegel war ihm eine obligatorische Referenz, der sicherlich weder von selbst das Prinzip der Formulierung des „Es gibt" noch die Regel des politischen Engagements lieferte. Ich würde sagen, dass der vorherige Marxismus – derjenige des vollendeten Zyklus' der Marxisierung – als Ganzes wie eine Referenz

„Hegel'schen Typs" funktioniert: zugleich notwendig und nichts Bestimmtes vorschreibend. Der Marxismus ist sich selbst sein eigener Hegelianismus geworden. Der Bezug der Errungenschaften des Marxismus' muss zerstückelt, herausgelöst, neu begründet werden, um auf seine Weise an der zeitgenössischen Bezeichnung des „Es gibt" teilzuhaben, die an seinem Beginn liegt, weil sie an die Gründungshypothese geknüpft ist: „Es gibt eine politische Fähigkeit, die sich der Nicht-Herrschaft verschrieben hat."

Die Politik muss eine gewagte Lücke in das metaphysische Dispositiv des marxistischen Wissens schlagen.

Lenin dachte, dass Marx drei Bezüge des Denkens artikuliert hatte: einen philosophischen Bezug (Hegel und die deutsche idealistische Dialektik), einen historisch-politischen Bezug (die revolutionäre französische Arbeiterbewegung) und einen wissenschaftlichen Bezug (die englische politische Ökonomie).

Was uns anbelangt, so haben wir zwei Dinge. Wir haben das marxistische Denken, so wie es sich in dem Zyklus der Marxisierung entfaltet hat und wie es heute zerstört ist, aber nicht weniger oder mehr zerstört als das Hegel'sche Denken des Endes der Geschichte. Und wir haben von der chinesischen Kulturrevolution bis zur polnischen Arbeiterbewegung politische Ereignisse, deren symptomale Funktion es zu bewerten und deren Subjekt es zu interpretieren gilt, wohl wissend, dass in der einfachen Abstammung des vollendeten Zyklus des Marxismus dieses Subjekt hinsichtlich seiner Wahrheit undenkbar bleibt.

Um die Dinge anders zu sagen, haben wir uns aufs Neue zur Frage der Quellen des Marxismus zu äußern. Zu sagen, dass seine Quellen die deutsche Philosophie, die englische Ökonomie und die französische Politik waren, ist eine mögliche Definition des ganzen ersten Zyklus' der Existenz des Marxismus. Die Idee des (Neu)Beginns bedeutet, dass diese drei Quellen heute versiegt sind. Und dass die neue Anordnung der Quellen unseres Denkens vielleicht vollkommen heterogen zu dem ist, was die marxistische Tradition aufnehmen konnte.

Wenn Heidegger im Poem das suchen musste, was unter dem epochalen Einfluss der Metaphysik für ihn bereits eine Quelle ihrer Dekonstruktion war, so haben wir ebenso die rätselhafte wahre Aussage zu finden, in der sich schließlich unter der Macht der Marxisierung das aussagt, was sie von der marxistischen Politik verdunkelt und vergisst. Diese Politik bedarf hinsichtlich ihrer Quellen weniger einer Lehre, denn eines Poems, d.h. der Interpretation eines Ereignisses.

Sicherlich gibt es die polnische Arbeiterbewegung, die mehr eine Quelle, denn ein Objekt ist. Weil es nicht ihr Sieg ist, der das Gesetz ausmacht, sondern ihr Schnitt, wie bei der französischen Arbeiterbewegung des 19. Jahrhunderts.

Ich habe selbst lang und breit die These entwickelt, dass in Frankreich die Theorie Lacans über die Spaltung des Subjekts und die Eklipse des Objekts eine Quelle zur

Formulierung einer marxistischen Theorie des politischen Subjekts bereitstellen kann.[21]

All dies ist disparat und problematisch. Aber das von Hegel, Ricardo und dem Juni 1848 konstituierte Ensemble war am Anfang auch nicht in einer sehr manifesten konsistenten Identität gegeben.

Ohne Zweifel muss man, um mit dem Beginn zu beginnen, bis zum Ende der Vollendung des vorherigen Zyklus' denken. Die erste Aufgabe ist die der Prüfung des abschließenden Randes dieses Zyklus', d.h.: die effektive Kritik des Marxismus-Leninismus, der Prozess seiner Dekonstruktion.

Durch diese Kritik, die eine politische – zugleich theoretische und praktische – Direktive ist, bringen wir den gesamten Marxismus in die Situation, eine Quelle für die Eröffnung eines anderen Denkens der Politik zu sein. Die Dekonstruktion des Marxismus-Leninismus richtet die Zerstörung des Marxismus' in der Instanz des (Neu)Beginns ein. Diese Spaltung ist die Geste, durch welche man wieder fähig wird, sei es zum Preis der Angst und der Gefahr, in sich das „Es gibt" des Realen zu empfangen, auf dem eine vollkommen neue Praxis der Politik gründen kann.

Wir sind unsere eigenen Erynnien, das kann uns immer vorgeworfen werden. Es ist wahr, das Blut ist nicht zu entfernen. Aber es ist sicherlich eher der Antimarxist, der glaubt, er könne sich die Hände davon rein waschen.

---

[21] Vgl. meine *Theorie du sujet*, Paris 1982.

Ich frage auf „marxistisch“ – auf unaussprechbarem Marxistisch: Welches ist die Geste, durch die die Politik wieder beweglich wird und sich von der finsteren Fiktion des Politischen, d.h. von der Ökonomie und vom Marxismus-Leninismus freimacht? Wenn diese Geste unmöglich, unauffindbar ist, wird die Entscheidung, wie in der Tragödie des Sophokles, unter dem Undenkbaren vorangehen. Wenn dies so ist, wird der Marxismus in der gebildeten und organisierten Verletzbarkeit einer Hypothese über die Wahrheit des proletarischen politischen Subjekts, wie in der Tragödie des Aischylos, die affirmative Spaltung des Gesetzes, die er zu unserem Unglück geworden war, auf sich nehmen.

2. Rekomposition

I. Das Ereignis. Empirischer Parcours

Das Paradox des Unternehmens, in das wir verwickelt sind, dadurch dass sich das Politische zurückzieht, ist das folgende: Die Bestimmung des Wesens der Politik, die sich weder der Struktur (Inkonsistenz der Mengen, Ent-Bindung) noch des Sinns (die GESCHICHTE macht nicht alles) versichern kann, hat keine andere Markierung als das Ereignis. Das ereignishafte „Es gibt", in seiner Zufälligkeit, ist genau die Stätte, an der das Wesen der Politik zu umgrenzen ist. Die Festigkeit der Verwesentlichung ruht auf der Prekarität dessen, was geschieht.

Aber das Ereignis ist nicht von der Ordnung der Realität. Das Denken orientiert sich hier an der Unterscheidung des Ereignisses von seiner gängigen Imitation, die man die Tatsache nennen kann. Die zeitgenössische Zufriedenheit der politischen Reflexion mit der Unwesentlichkeit des Journalismus hängt zuerst an der Verwirrung von Ereignis und Tatsache.

Nichts ist heute entscheidender als die Entfernung der „politischen" Tatsächlichkeit, und speziell der mit ihr verbundenen numerischen Betrachtung, von der Bestimmung des Wesens der Politik. Nur von der Tyrannei der Zahl befreit, der Zahl der Wähler genauso wie der Zahl der Demonstranten oder Streikenden, wird die

Politik denkbar.

Seien wir von Anfang an überzeugt, dass heutzutage sehr wenig, fast keine Politik zirkuliert, und dass sie sich ganz besonders an den Rändern der Inexistenz befindet, wenn sie mit ihrer Zahl prahlt.

Das gängige Regime dessen, was sich als politische Reflexion präsentiert, ist – typischerweise – der Wahlkommentar. Nun stellen aber weder der Kommentar noch die Wahlen Zugänge zum Wesen der Politik dar.

Der Kommentar ist das Murmeln des Unvermögens, das spezifische Merkmal der inaktiven Demokratie, das heißt des Journalismus. Eine Wahl ist sicherlich eine Tatsache, eine Realität und kann aus diesem Grund ganz und gar wichtig sein. Im Allgemeinen ist sie hingegen weder ein Ereignis noch ein Reales. Und wenn sie es ist, dann hängt dies, wenn ich es so sagen kann, nicht von ihr ab. Man muss das Verhältnis, welches die Realität der Wahl zum politischen Realen unterhält an diesem Punkt des Unmöglichen diagnostizieren, an dem das Wahlkalkül scheitert, das zu zählen, von dem das Verhältnis dennoch ihre Konsistenz herstellt.

Zum Beispiel ist es klar, dass in allen jüngsten französischen Wahlen ein sehr wichtiger subjektiver Einsatz mit der massiven städtischen Präsenz immigrierter Arbeiter verbunden war.[22] Jedoch ist der Punkt, an dem die

[22] Was man (aber dieser Signifikant ist bereits reaktionär) das „Immigrantenproblem“ genannt hat, hat eine Hauptrolle in den Kommunalwahlen von 1982, der Nachwahl von Dreux, den Europawahlen von 1984 (Erfolg der Liste der Front Nationale) gespielt.

Repräsentation an dieses Reale rührt, in dieser Repräsentation nicht lesbar. Insbesondere liefert die Behauptung des „Anstiegs des Rassismus“, durch die Stimmenauszählung der Rechten oder der extremen Rechten bezeichnet, keinen realen politischen Sinn. Der Beweis dafür ist, dass diese Behauptung wie all jene, die den Anstieg von was auch immer präsentieren, nur erschrecken kann. Nun ist aber der Schrecken kein politisches Gefühl. Er ist ein Gefühl des Kommentars.

Um zu verstehen, was die Wahlzahl unter diesen Umständen ausschließt, genügt es, sich mehr auf das Ereignis denn auf die Tatsache zu beziehen.

Das Ereignis ist das, was den Tatsachen entschwindet und von dem aus die Wahrheit dieser Tatsachen zuweisbar ist.

Verfügen wir über ein Ereignis dieser Ordnung? Kann die Politik als Wahrheit hinsichtlich der „politischen“ Tatsächlichkeit geschehen? Behaupten wir als provisorische Hypothese, dass die „Tatsachen“ der Talbot-Fabrik[23] das

---

[23] Die Tatsachen von Talbot situieren sich zwischen November 1983 und Februar 1984. Die Geschäftsleitung schlägt einen Entlassungsplan von fast 3000 Arbeitern vor. Streik, Besetzung der Werkstatt B3. Mobilisierung der Leitung und der „Gewerkschaft“ CSL. Auseinandersetzungen. Unter „die Araber in den Ofen“ - Rufen Angriff auf B3 durch die, welche die Presse schamhaft die „Nicht-Streikenden“ nennen wird. Die CGT hat dem Plan (genau so wie die Regierung) zugestimmt. Sie bewertet die Besetzung als „abenteuerlich“. Sie mischt sich nicht ein. Die CFDT, die sich dem Aufruf an die CRS anschließt, unterstützt die Evakuierung, die schließlich vollzogen wird.

Die Objektivität ist, wie man sieht, einfach. Der subjektive Bruch ist wesentlich.

Ereignis angezettelt haben, dessen Vergessen die Wahlen organisieren.

Gewiss ist das, was in der Fabrik von Poissy zu Beginn des Jahres 1984 geschehen ist, heute, als Tatsache, größtenteils vergessen. Es ist kein entscheidendes Datum in der Chronologie der Tatsachen, die die parlamentarische oder gewerkschaftliche Erzählung ausheckt. Aber es ist ein Aspekt der Unterscheidung von Ereignis und Tatsache, dass sie sich nicht auf die gleiche Bedeutungsskala beziehen. Es ist vollkommen möglich – wie ich es bereits für Polen gesagt habe –, dass ein Ereignis aus dem expliziten Gedächtnis verschwindet, während die treue Unendlichkeit seiner Effekte unsichtbar darin beharrt, die Wahrheit zirkulieren zu lassen.

Die Politik hat auch die Aufgabe, die Chronik neu zu interpunktieren. Sie verteilt in ihr andere Akzente, isoliert andere Sequenzen.

Ich werde zeigen, in welchem Sinn das, was in dieser Fabrik geschehen ist, die politische Zeit periodisiert hat.

Talbot ist anscheinend nur eine lokale Miniatur der nationalen „politischen" Tatsachen. Was sieht man nämlich? Drei charakteristische Elemente der ablaufenden Gegebenheiten.

Das erste Element ist die Regierungspolitik der industriellen Restrukturierung. Diese Politik ist unbestreitbar die Verweigerung all dessen, womit die sozialistische Partei 1981 ihre Anhängerschaft gewonnen hat. Die Propaganda der Zeit verneinte die Krise des Kapitals und zeigte ihre Gewissheit, durch den Aufschwung des Konsums zum Ende der Arbeitslosigkeit zu gelangen. Wie es das ruhige Dorf der Plakate zeigte, dessen Schornsteine rauchten, war es möglich, die Krise mit einer sommerabendlichen Sanftmut zu behandeln, mit einer heiteren republikanischen Kultur und zur allgemeinen Zufriedenheit.

Talbot kristallisiert in einem Punkt, je nach Wahl der Überzeugungen, entweder die Lüge dieses Versprechens oder auch den vollkommenen Fehler dieser Lehre. Die Regierung erweist sich hier zwischen zwei unmöglichen Konsensen suspendiert: jenem ihres Versprechens und jenem der Brutalität des Kapitals, für welche der gesunde Menschenverstand des Volkes annahm, dass Thatcher, Reagan oder Chirac, und sei es nur durch die größere Entsprechung ihrer ideologischen Geschichte, befähigter seien.

Das zweite Element der Talbot-Situation ist die Unfähigkeit der CGT[24] eine Arbeitersituation zu meistern, sobald diese Situation massiv durch die Brutalität der Restrukturierung gesättigt ist und sie ein Minimum an Selbstkonstitution, an Fähigkeit zu unabhängiger Rede, an immigrierten Arbeitern umfasst. Die CGT und die PCF erweisen sich hier suspendiert zwischen der Zustimmung zu den Entlassungen sowie zu der Ausweisung der Immigranten, was sie als Gewerkschaftsvermittler beseitigt, und der islamischen Demagogie, was sie als Träger des produktiven Chauvinismus und als Organisatoren für

[24] A.d.Ü.: Der KPF-nahe Allgemeine Gewerkschaftsbund.

Fabriken qualifizierter *guter* Franzosen beseitigt.

Das dritte Element ist schließlich die Fähigkeit der Banden der CSL[25] eine bedeutende Anzahl angestellter Franzosen unter dem Schlachtruf „die Araber in den Ofen" gegen die Streikenden zu organisieren und auf diese Weise einen wahrhaften kleinen Bürgerkrieg und nationalen Krieg im Raum der Fabrik auszulösen.

Nun sind diese drei Elemente unmittelbar in den numerischen Makrosituationen der Wahl lesbar. Die kleine Zahl der praktischen Akteure (2000 oder 3000) steht in metonymischem Verhältnis zu den Millionen Wählern.

Das erste Element liest sich wie folgt: Inkonsistenz der sozialistischen Partei, welche kein unabhängiges politisches Projekt trägt und zwischen ihrer kulturellen emanzipatorischen Farbe und ihrer staatlichen Funktion der Vereinigung mit den Erfordernissen des Kapitals nach Augenmaß hin und her navigiert. Daher ein angemessener Übergang von 30% zu 20% bei den Wahlen von 1984.

Das zweite Element liest sich wie folgt: historischer Untergang der PCF, welcher es, im Unterschied zur italienischen Partei, seit 30 Jahren weder gelang bzw. welche es nicht vermochte, sich für den staatlichen und nationalen Zusammenhalt unentbehrlich zu machen, die Meinungsströme zu beherrschen, noch die objektiven und subjektiven Transformationen des arbeitenden Volkes in den Fabriken zu kontrollieren, weil sie sich an die

---

[25] A.d.Ü.: Bund freier Gewerkschaften.

Repräsentation einer „Arbeiterbewegung" klammerte, welche die konkrete Geschichte in jeder Hinsicht als Fiktion erwiesen hat. Daher ein Abstieg in die Hölle der Wahlquoten einer Splittergruppe.

Das dritte Element liest sich wie folgt: Zunahme der Fähigkeit der extremen Rechten – mit einer vielmehr petainistischen als nazistischen Abstammung –, die Leere der Identität oder die Krise zu füllen; die Provinzialisierung Frankreichs in weltweitem Maßstab und die massive Präsenz der immigrierten Arbeiter beschäftigen das reaktive Bewusstsein einer Masse von Menschen. Daher die 11% für Le Pen, errichtet auf einem abstrakten Diskurs der sozialen Befriedigung des Gleichen: die Franzosen zuerst, die Franzosen sind französisch, eine Art von stammtischhafter Tautologie, deren „Niemandsland" der Araber ist.

Und dennoch muss man daran festhalten, dass nur dort, wo der Isomorphismus des Ereignisses und der Realität, des Mikro und Makro verschwindet, die Ereignishaftigkeit des Ereignisses politisch interpretierbar ist.

Sprechen wir zunächst von einem stillen subjektiven Sieg. In Talbot haben die Banden der CSL gesiegt. Sie haben nicht gegen die Arbeiter gesiegt, sondern gegen die Regierung der Linken. Seit diese nämlich als Lektion aus dem Ereignis die „Rückkehr der Immigranten" genannte Politik gezogen hat, billigt sie zugleich das gleiche Material der reaktiven Äußerung. Das heißt, dass die Immigranten nicht mehr in ihrer Innerlichkeit zur Gesellschaft und zur Fabrik – d.h. als seit 20 Jahren hier ansässige Arbeiter –, sondern in ihrer nationalen Äußerlichkeit repräsentiert werden müssen. Verstanden mehr als Disposition des Denkens denn als Praxis der Subvention, liegt die Politik der Rückkehr der Immigranten auf dem exakt gleichen Terrain wie die Lehre der extremen Rechten. Der Parameter der formalen Nationalität muss vollkommen für alles andere, und im Besonderen für den realen Arbeiter maßgebend sein, und das bis in die Fabrik hinein.

Zwischen „die Araber in den Ofen" und „die Immigranten zurück, ich erkaufe ihre Abreise für x Millionen" gibt es eine wichtige Differenz des Tons, aber es gibt, leider, keinerlei Unterschied des politischen Prinzips. Die reaktive Subjektivität ist gleicherweise von diesen beiden Sätzen einberufen. Die extreme Rechte hatte in Talbot folglich subjektiv den Sieg über die Regierung davon getragen. Nun ist diese siegreiche Antizipation in den Wahlen unlesbar, da der Kommentar den Rassismus der Rechten wie selbstverständlich dem Antirassismus der Linken gegenüberstellt, und der eine den anderen übertrumpft. In Wahrheit ist das Verhältnis, das sich anlässlich Talbots zwischen der Aktion der extremen Rechten und der Umstrukturierung der Politik der Linken bezüglich der immigrierten Arbeiter ausgebildet hat, kein Verhältnis frontaler Opposition, sondern ein Verhältnis kommunizierender Torsion. Einer Torsion, die bewirkt hat, dass eine fundamentale Identität zwischen Aussagen zirkuliert, die sich in formell getrennten oder entgegengesetzten Punkten situieren. Diese Torsion wird durch die Stimmenauszählung zur gleichen Zeit unlesbar gemacht, zu der sie sie verfestigt, denn die extreme Rechte ist offensichtlich parlamentarisch glaubwürdig, insofern ihr Diskurs nicht länger als extremistisch oder a-typisch wahrgenommen wird, sobald dieser Diskurs, obwohl missverstanden, durchgängig, wenn man das sagen kann, zirkuliert.

Der Punkt, an dem diese Torsion aufzulösen ist, ist nicht so klar, wie man glauben könnte. Die ausdrücklichen Deklarationen des Antirassismus haben diesbezüglich keinerlei Effekt. Man muss noch einmal die Tatsachen prüfen, an denen das Ereignis zu konstituieren ist.

Die axiale Aussage des Arbeiterwiderstands in der besetzten Talbotfabrik war: „Wir wollen unsere Rechte." Es ist klar, dass diese Aussage – jene eines Rechts als eines des entlassenen, immigrierten Arbeiters, wie ich unterstreiche – sich an keiner Stelle in der Wahlzahl wiederfindet. Es ist jedoch der vierte Term der Talbot-Situation, ein zusätzlicher Term, der allein die Kraft hatte, die Situation so umzugestalten, um aus ihr ein Ereignis zu machen.

Einige behaupten heute, dass es, wenn die Aussage der immigrierten Arbeiter vom parlamentarischen Feld ausgeschlossen bleibt, ganz einfach daran liegt, dass sie kein Wahlrecht haben.

Dies ist der Punkt, an dem das politische Denken auf seinen Imperativ unter der Anweisung der Zahl verzichtet.

Was mich betrifft, so bin ich ein unerschütterlicher Partisan des Wahlrechts der Immigranten. Ich bin es, in den Aktionen wie in der Propaganda, seit zwölf Jahren: seit den ersten Hungerstreiks der Arbeiter ohne Papiere 1972.

Aber ich glaube keinesfalls, dass die Sphäre der Repräsentation und der Zahl geeignet sei, das Ereignis zu qualifizieren, von dem ich in der Ordnung der Politik spreche.

Ich behaupte im Gegenteil, dass die Aussage der Arbeiter von Talbot, so wie sie für immer statt gehabt hat, dass diese Aussage, die sich dennoch um das Recht dreht, intrinsisch unrepräsentierbar ist. Und in dieser Unrepräsentierbarkeit besteht genau die Politik dieser Aussage.

Sagen wir es anders. Die Figur der Politik, welche genauso die westliche parlamentarische Delegation wie der despotische Bürokratismus des Ostens einführen, ist jene des programmatischen Ausdrucks der Kräfte. Die Wurzel davon wäre, dass die Interessen oder Ideale der Gruppen sich durch das Ins-Werk-Setzen von Programmen und Plänen in der Zusammensetzung der Regierung abzeichnen. Programme und Pläne, deren Natur im Westen wie im Osten zunächst ökonomisch ist. Die despotische Bürokratie stellt einfach ihre Fähigkeit, das nationale Programm, wenn man so sagen kann, in einem Zug auszudrücken, im, übrigens rein dekorativen und abstrakten, Gewand einer diktatorischen Arbeiterlegitimität auf. Es handelt sich hier um eine Art laizistische

Religion, in welcher, wie im römischen Reich, der Kult den Sieg über den Glauben davon trägt. Der Parlamentarismus seinerseits organisiert die Erscheinung eines Konflikts der Programme auf dem anerkannten Boden einer Übereinstimmung der Notwendigkeiten. Auf alle Fälle ist das politische Bewusstsein an das, was sich von ihm an die Verteidiger eines Systems der staatlich praktikablen Sätze delegieren lässt, verwiesen.

In der Arbeiteraussage der Rechte ist das Gesetz des politischen Bewusstseins ein ganz anderes, denn keine programmatische oder abzählbare Figur zu haben, bestimmt gerade, dass sie sich konstituiert. Wie dies die Regierung und die Gewerkschaften im Chor sagen: die fraglichen Rechte existieren nicht. Und die marokkanischen Arbeiter affirmieren vor dem Hintergrund der Tatsachen übrigens zur gleichen Zeit wie sie dieses Recht proklamieren, dass sie, als Arbeiter, die seit zwanzig Jahren in Frankreich arbeiten, gerade kein Recht haben.

Das Bewusstsein wird hier durch das Ereignis eingeführt, durch welches sich ein Recht ohne Recht aussagt, d.h. um den Ausdruck von Marx und Lyotard aufzunehmen, das absolute Unrecht, das Unrecht überhaupt,[26] was diesen Leuten angetan wird.

Dieses Unrecht ist nicht repräsentierbar und kein Programm kann dessen Kompensation einschreiben. Die

---

[26] Die Idee des „Unrechts überhaupt", das den Arbeitern angetan wird, wird in Marxens „Kritik der Hegelschen Philosophie des Rechts" präsentiert. Das „Unrecht" ist ein zentraler Begriff des letzten Buchs von Jean-François Lyotard, *Der Widerstreit*, München 1989.

Politik beginnt, wenn man sich überlegt, nicht die Opfer zu repräsentieren, ein Projekt, in welchem die alte marxistische Lehre Gefangene des expressiven Schemas blieb, sondern den Ereignissen treu zu sein, in denen die Opfer sich artikulieren. Diese Treue wird von nichts anderem als einer Entscheidung getragen. Und diese Entscheidung, die niemandem etwas verspricht, ist ihrerseits nur an eine Hypothese geknüpft. Es handelt sich um die Hypothese einer Politik der Nicht-Herrschaft, deren Begründer Marx gewesen ist und die heute erneut zu begründen ist.

Von dieser Perspektive aus hat das politische Engagement die gleiche reflektierende Universalität wie das Geschmacksurteil für Kant. Das politische Engagement lässt sich aus keinem Beweis folgern und es ist noch weniger der Effekt eines Imperativs. Es ist weder abgeleitet noch vorgeschrieben. Das Engagement ist axiomatisch.

II. Definitionen und Axiome

Der Einsatz ist, das nicht programmatische Wesen der Politik zu erfassen und das zu denken, was ich eine intervenierende Treue nennen werde.

Ich übernehme für einen Moment den Stil der Darlegung Spinozas.

Ich nenne eine *prä-politische Situation* einen Komplex von Tatsachen und Aussagen, der so beschaffen ist, dass sich in ihm Arbeiter- und Volkssingularitäten kollektiv eingebunden finden und dass in ihm ein Scheitern des Regimes des Eins erkennbar ist. Folglich ein irreduzibles „es gibt Zwei". Oder auch: ein Punkt des Unrepräsentierbaren. Oder auch: eine leere Menge.

Ich nenne *Struktur* der Situation den existierenden Mechanismus der Zählung-als-Eins, der die Situation als *diese* Situation in der Sphäre des Repräsentierbaren qualifiziert.

Ich nenne *Ereignis*, dass die Qualifikation im Regime des Eins einen Rest lässt, folglich, die Dysfunktion dieses Regimes. Das Ereignis ist nicht gegeben, denn das Regime des Eins ist das Gesetz jeder Gabe. Das Ereignis ist so das Produkt einer Interpretation.

Ich nenne *Intervention* die überzähligen Aussagen und Tatsachen, durch welche sich die Interpretation ausführt, die das Ereignis birgt, d.h. das „es gibt Zwei", die Spaltung.

Ich nenne *Politik*, was im Regime der Intervention die Konsistenz des Ereignisses einrichtet und über die präpolitische Situation hinaus propagiert. Dieses Propagieren ist niemals eine Wiederholung. Sie ist ein Effekt des Subjekts, eine Konsistenz.

Ich nenne *Treue* die politische Organisation, das heißt das kollektive Produkt der ereignishaften Konsistenz jenseits seiner unmittelbaren Sphäre.

Talbot ist eine prä-politische Situation, insofern als die Qualifikation der Situation als Gewerkschaftsstreik gegen die Entlassungen hier im Scheitern gehalten wird. Die Aussage der immigrierten Arbeiter über ihre Rechte ist in dieser Qualifikation nicht abzählbar, noch ist sie übrigens gezählt worden. Die Parameter, welche die Aktion der CSL und die Auseinandersetzungen, die Trägheit der CGT, die Abfahrt der CFDT[27], die Ankunft der CRS[28], die Regierungsbilanz in Begriffen einer Politik der Rückkehr sind – all dies formiert eine kohärente Menge, die durch eine globale Situation legitimiert ist und die man als Eins repräsentieren kann. Diese Parameter bewirken die Zählung-als-Eins, die Struktur. Die immigrierten Arbeiter als wirkliches Bewusstsein sind die leere Menge dieses Eins. Sie sind in ihr, in aller Strenge, unzählbar.

Die Leere ist immer dieser mit dem Realen vernähte Punkt, von dem aus sich die Fülle der Repräsentation einfach als einer der Terme der Zwei erweist.

Das Ereignis ist hier die Aussage des Rechts ohne Recht. Es ist durch die Interpretation der inadäquaten programmatischen Formen produziert, in denen es operiert. Das Indiz der Inadäquation dieser Formen ist die flottierende Vielheit: Die einen sagen: wir brauchen zwanzig Millionen, die anderen: die Erstattung der Sozialversicherungsbeiträge, die anderen: ein zusätzliches Monatsgehalt pro Jahr nach Dienstalter, usw. Die Interpretation produziert dieses Ereignis, dass – in einer präpolitischen Situation – ausgesagt worden ist, dass es unmöglich sei, die Arbeiter wie schäbige Waren zu behandeln. In diesem Zusammenhang ist dieses Unmög-

---

27 A.d.Ü.: Französischer demokratischer Gewerkschaftsbund.

28 A.d.Ü.: Spezialeinheit der Nationalpolizei Frankreichs.

liche genau die Realität, folglich die Möglichkeit. Die Möglichkeit des Unmöglichen ist der Grund der Politik. Sie setzt sich massiv dem entgegen, was man uns heute lehrt, nämlich, dass die Politik die Verwaltung des Notwendigen ist. Die Politik beginnt mit der gleichen Geste, mit welcher Rousseau die Gründung der Ungleichheit aufdeckt: alle Tatsachen beiseite zu lassen.

Es ist wichtig, alle Tatsachen beiseite zu lassen, damit das Ereignis geschehen kann.

Die Intervention gibt dem Ereignis, das sie interpretiert, Konsistenz, indem sie die ereignishafte Aussage als Aussage des reflektierenden Urteils propagiert. Indem sie dies tut, organisiert sie die Treue. Die Organisation ist eine Materialität des reflektierenden Urteils.

III. Widerlegung des Idealismus

In meiner Definition der prä-politischen Situation fordere ich, dass „Arbeiter- und Volkssingularitäten" betroffen seien. Diese Präskription ist axiomatisch, d.h. allgemein. Ich will sagen, dass sie das Wesen der Situationen betrifft und nicht diesen oder jenen konkreten Umstand, welcher die Jugend, die Intellektuellen, usw. implizieren kann. Hinsichtlich seiner wesentlichen Bestimmung, d.h. strategisch, verbiete ich in der Tat, dass sich die Politik ohne subjektive Implikation der Arbeiter, der Menschen aus den bevölkerungsreichen Vororten, der Immigranten, usw. entfalten kann.

Nun setze ich mich so einem entscheidenden Einwand aus. Was nützt es, wird man mir sagen, den Marxismus in seiner substantiellen Historisierung (ich möchte sagen: der das Proletariat substantialisiert) zu zerstören und ihn auf die Hypothese einer Politik der Nicht-Herrschaft zurückzuführen, wenn Sie die Empirie der Arbeiter *in extremis* wieder einführen? Wir sehen wohl – setzt derjenige fort, der Einspruch erhebt –, dass die Idee eines generischen und emanzipatorischen Arbeiter-Seins, kurz: die Idee eines Proletariats von Ihnen durch eine ungründbare und rein subjektive Hypothese ersetzt wird, von der es die Konsequenzen zu untersuchen und nicht die Effekte zu verifizieren gilt. Sie haben so das expressive Band zwischen dem Sozialen und dem Politischen aufgelöst. Sie haben die Geste des Proletariats zugunsten einer Axiomatik des politischen Prozesses liquidiert. Gehen Sie also bis ans Ende! Beseitigen Sie auch in der Axiomatik die Bedingung des Arbeiter- oder Volksparameters der Situationen. Denn Sie haben hier nur das situative Phantom des verlorenen Proletariats.

Dieser Einwand erinnert an denjenigen Hegels gegen Kant: Warum das „absurde Ding-an-sich" beibehalten? Wenn das Subjekt die Erfahrung konstituiert, gehen wir bis ans Ende, das heißt, begreifen wir das Absolute selbst als Subjekt. Es darf keinerlei unrepräsentierbare Hinterwelt fortbestehen.

Ebenso gilt, dass, wenn der Prozess der emanzipatorischen Politik zur einzigen Bedingung hat, für den Punkt des Ereignisses offen zu sein, er keiner prädikativen

Bedingung hinsichtlich der Situationen unterworfen ist. „Arbeiter-“ und „Volks-“ sind Spuren des alten sozialen Substantialismus, der vorgab, die Politik aus der Organisation der Gesellschaft in Klassen abzuleiten.

Kant nahm in der *Kritik der reinen Vernunft* den Einwand in dem Kapitel, das „Widerlegung des Idealismus“ heißt, vorweg. Er begründete, dass die Erkenntnis nur in der Stätte der Repräsentation operieren kann, da ansonsten nie etwas präsentiert wird. Anders gesagt: Das Sein als Sein muss die Sackgasse der Repräsentation enthalten, damit die Repräsentation repräsentiert. Die Evakuierung des Dings-an-sich ist in Wirklichkeit die Auflösung der subjektiven Konstitution der Erfahrung und nicht, wie es Hegel glaubt, ihr Übergang an die Grenze. Denn die Erfahrung ist das Subjekt nur als (topologisch) mit einem Realen, das ihm fehlt, verbundenes. Hegel glaubt eine Inkonsequenz Kants aufzuheben, aber in Wirklichkeit ist er inkonsequent bezüglich der Kantischen Lehre des Subjekts.

Ich versuche hier den absoluten politischen Idealismus zu widerlegen, den eine „maximale“ Interpretation meiner Axiomatik autorisieren könnte und der darin bestünde, sich an die Intervention zu halten, ohne jemals die (Arbeiter und Volks-) Qualifikation der Ereignisstätte zu benennen, an der die Intervention überzählig ist.

Ich argumentiere notwendigerweise – wie Kant – über das Absurde. Wenn man tatsächlich direkt etablieren könnte, dass die prä-politischen Situationen Arbeitersituationen sein müssen, hätte man tatsächlich ein politisches Privileg der Arbeiter und folglich die substantielle Voraussetzung restauriert, die unsere neu gründende Geste ablehnt. Wenn es kein Proletariat im Sinne eines in Gestalt seines sozialen Seins bestimmbaren politischen Subjekts gibt, kann man nicht über den Weg eines konstruktiven Arguments zu etablieren hoffen, dass die eminenten politischen Situationen Arbeitersituationen sind. Unsere einzige Chance ist, zur Rechtfertigung zu gelangen, dass es unmöglich sei, die Arbeiter- und Volksqualifikation der Situationen (strategisch) *nicht* zu berücksichtigen.

Theorem. Die politische Intervention unter den aktuellen Bedingungen, das heißt die moderne Politik kann es strategisch nicht vermeiden, Ereignissen, deren Stätte eine Arbeiter- oder Volksstätte ist, treu zu sein.

Nehmen wir an, sie könnte es vermeiden. Da die axiomatische Hypothese die einer Politik der Emanzipation ist, folglich einer subjektiven nicht-staatlichen und der Nicht-Herrschaft verschriebenen Politik, würde daraus resultieren, dass diese Politik sich entfalten könnte, ohne jemals in ihr unmittelbares Feld die Orte einzuschließen, an denen materiell die Masse der Beherrschten (was auch immer ihre Zahl sei) – unter den modernen Bedingungen, seien es die Fabriken, die Vorstädte, die Immigrantenheime oder die computerisierten monotonen Arbeitsämter – existiert. Besonders, wenn es sich um Fabriken handelt, wäre die Ausnahme radikal, da man ja ohne Mühe zeigen kann, dass die Fabriken von der bürgerlichen Gesellschaft und den Vermittlungsgesetzen, die in ihr die sozialen Verhältnisse bestimmen, abgetrennt sind.

Unter dieser Annahme würde die Politik der Nicht-Herrschaft für die Beherrschten selbst nur in der Form der Repräsentation existieren, da ja kein zur Intervention Anlass gebendes Ereignis sie in seine Stätte einschlösse. Insbesondere würden die Arbeiter- und Volksaussagen nicht die Materie der politischen Intervention konstituieren.

Genauer: strategisch exzentriert hinsichtlich des Atoms der Politik (der Intervention ausgehend vom Ereignis), könnten die Beherrschten ihr Interesse für diese Politik nur in programmatischen Termen formulieren, das heißt, sie müssten sich hier aus dem einzigen Grund vereinen, dass die Politik als egalitäre Politik oder als Politik der Nicht-Herrschaft repräsentierbar ist.

Nun ist das Wesen der Politik, die Repräsentation auszuschließen und niemals das programmatische Bewusstsein als Figur zu nehmen. Ihr Wesen besteht vollkommen in der Treue zum Ereignis, so wie sie sich im Netz der Interventionen materialisiert.

Infolgedessen ist es unmöglich, dass die Politik strategisch vermeiden könnte, den Arbeiter- und Volkscharakter der Situationen in Rechnung zu stellen. Wenn sie diese Vermeidung durchführte, wäre sie bezüglich ihres eigenen inauguralen Axioms inkonsequent.

Korollarium. Die militante Figur der Politik fordert, in ihrem eigenen Begriff, ohne Vermittlung (insbesondere ohne parlamentarische oder gewerkschaftliche Vermittlung) die Präsenz des Arbeiter- und Volksereignisses in den großen Stätten, Fabriken, Vororten, usw. Es ist bemerkenswert, dass diese Forderung sich nicht von der Annahme einer „Arbeiterklasse" oder eine „Volkes" ableitet, sondern im Gegenteil aus dem Verschwinden jeglicher Annahme dieser Ordnung. Und tatsächlich, wenn Sie „die Partei der Arbeiterklasse" haben, haben Sie Ihre ursprüngliche Vermittlung und Sie sind keineswegs gezwungen, ohne Vermittlung die Politik in den Fabriken, den Vororten, usw. zu initiieren. Alles in allem verlangt niemand von den Intellektuellen der PCF sich hier einzumischen. Im Gegenteil, heute existiert die Politik entweder nicht (was der Kapitalismus vollkommen zulässt) oder sie beruft ihre Akteure, d.h. in der gegenwärtigen Situation eine Mehrheit der Intellektuellen, an die konstitutiven Orte ihres ereignishaften Wesens ein. Die direkte militante Figur ist so aus ihrem Status der Ausführung oder der Versammlung herausgerissen. Sie ist ein immanenter Begriff der politischen Existenz als solcher. Dies folgt unerbittlich aus dem nicht programmatischen Wesen der Politik. Wer sie nicht *macht*, *ist* in ihr nicht.

IV. Genealogie der Dialektik

Es ist heutzutage ein gängiges Thema, dass das Politische dem Denken nur um den Preis mit der spekulativen Philosophie, mit der Dialektik, Schluss zu machen, zurückgegeben werden kann.

Der Punkt ist, sich über die Dialektik zu verständigen.[29]

Ich sage, dass die Begriffe des Ereignisses, der Struktur, der Intervention und der Treue die Begriffe der Dialektik selbst sind, insofern diese nicht auf das platte und schon für Hegel inadäquate Bild der Totalisierung und der Arbeit des Negativen zurückgeführt wird. Die Dialektizität der Dialektik besteht genau darin ihre begriffliche Geschichte zu haben und die Hegel'sche Matrix bis zu dem Punkt zu teilen, an dem sie sich in ihrem Sein als eine Lehre des Ereignisses und nicht als ein geregeltes Abenteuer des Geistes erweist, vielmehr eine Politik, denn eine Geschichte.

Von dem Punkt aus, an dem wir das dialektische Denken beherrschen und reinigen, können wir seine Genealogie erneut zusammenstellen. Ein anderer Begriff, andere Vorfahren. Wenn man die Axiomatik, an der die Politik einsetzt, aufklären will, wird man – zum Beispiel – diejenigen betrachten, die ich die vier französischen Dialektiker nenne: Pascal, Rousseau, Mallarmé und Lacan.

---

[29] Ein guter Teil meiner *Theorie du Sujet* ist dem Begriff der Dialektik gewidmet. Sie stützt sich auf Hegel, die Materialisten der Antike und Mallarmé.

Welche Bedeutung hat diese Frage? Eine beachtliche, seitdem es darum geht, die Neu-Begründung jeder Politik in einen befreiten philosophischen Horizont einzuschreiben. Befreit von was? Von der mechanistischen oder szientifischen Herangehensweise, in welcher der Marxismus seit seiner Einführung in Frankreich durch Lafargue und durch Guesde befangen ist. Jedes aktive Denken muss seine nationale Einschreibung realisieren. Der französische Marxismus sah sich als Erbe der Aufklärung, des antiklerikalen Kampfes, des Fortschritts der Wissenschaft. Er hat die christliche Dialektik als anerkannten oder blinden Schicksalspol gehabt. Er hat das revolutionäre Ideal laizisiert und provinzialisiert.

Jedes Mal, wenn man dieses reduzierte Bild abwehren wollte, hat man einfach dem französischen Marxismus eine kleine Dosis Hegel'scher Tragik injiziert. Oder man hat die materialistische Referenz aufgewertet (eher Spinoza oder Lukrez als Diderot oder Helvetius). Aber der repräsentative Kern des Marxismus, sein Gravitätszentrum, bewegte sich nicht: wissenschaftliche Theorie der Geschichte, unterstützt von einer positiven Theorie der Produktionsverhältnisse und der Organisation der Gesellschaft in Klassen. Es ist wahr, dass im Hintergrund dieser Repräsentation die nationalen Charakteristika der Arbeiterbewegung lagen: Gewerkschaftsbewegung, Logik der Kämpfe, Vorrang des Programms.

Man muss, davon profitierend, dass die alte Arbeiterbewegung tot ist, mit dem alten Marxismus Schluss machen.

Mit dem gleichen Zug, durch den es von Bedeutung ist, einen Zyklus der Existenz der Politik abzuschließen und einen neuen zu eröffnen, schlage ich eine differente Abstammung vor. Jede Geburt betreibt Genealogie.

Es handelt sich darum, wie man heute weiß, mit der repräsentativen Vision der Politik Schluss zu machen. Die kanonische Aussage Lenins, nach der die Gesellschaft in Klassen unterteilt ist und die Klassen von politischen Parteien repräsentiert werden, ist überholt. In ihrem Wesen ist diese Aussage mit der parlamentarischen Konzeption homogen. Denn der Schlüsselpunkt, im einen wie im anderen Fall, ist der der Repräsentation des Sozialen in der Politik. Die Politik, in diesem Sinn, Lenin sagt es auch, „konzentriert die Ökonomie".[30] Repräsentation und Konzentration sind das, von dem aus die Existenz von Parteien zu denken und die Stätte der Politik zu bemessen ist. Dies ist die Figur, in welcher der Marxismus sich verloren hat.

Man wird zunächst ein dialektisches Denken in seinem Konflikt mit der Repräsentation erkennen. Ein solches Denken verfolgt in seinem Feld den unrepräsentierbaren Punkt, von dem aus sich erweist, dass man an das Reale rührt.

Rousseau beispielsweise verbietet radikal die politische Repräsentation. Das Volk, als absolute Grundlage

---

[30] A.d.Ü.: Badiou bezieht sich hier auf die Formulierung Lenins, nach der die Politik „der konzentrierte Ausdruck der Ökonomie" sei. Vgl. W.I. Lenin, *Noch einmal über die Gewerkschaft, die gegenwärtige Lage und die Fehler Trotzkis und Bucharins*, in: ders., *Werke*, Berlin 1972, Bd. 32, S. 58-99, hier: S. 73.

der Souveränität, kann sie an niemanden und auch nicht an sich selbst delegieren, worin Rousseau nicht anarchistisch ist. Verstanden als reine politische Fähigkeit, ist das Volk unrepräsentierbar. Rousseau ist dem Parlamentarismus vollkommen feindlich gesinnt.

Für Mallarmé kann die Poesie weder den Poeten noch die Welt ausdrücken. Der Poet muss vom Werk abwesend sein, so als ob es ohne ihn statthätte. Und, was die Welt angeht, sagt Mallarmé mit großem Nachdruck, dass man ihr nichts hinzufügen wird. Das Poem muss folglich einen singulären Prozess bewirken, der sein eigenes Wesen ausstellt, ohne es darzustellen. Jedes Ding entschwindet hier.

Für Pascal ist Gott in der Philosophie nicht repräsentierbar. Nichts in der Welt führt zu ihm. Die Welt ist für Pascal ebenso wenig transitiv zu Gott wie für mich das Soziale zur Politik. Ebenso wie die sozialen Mengen in der Politik inkonsistent sind, so bezeichnet – für Pascal – das „doppelt Unendliche" der Welt kein Ganzes, aus dem sich Gott folgern ließe. Das subjektive Verhältnis zu Gott besteht im Aleatorischen einer Wette (man muss auch auf die kommunistische Politik wetten: Sie werden sie niemals vom Kapital her ableiten).

Schließlich repräsentiert für Lacan nichts das Subjekt. Er insistiert auf der Tatsache, dass auch wenn das Begehren (im Signifikanten) artikuliert ist, es so dennoch nicht artikulierbar ist. Dafür gibt es natürlich die Formel: „Ein Signifikant repräsentiert das Subjekt für einen anderen Signifikanten."[31] Aber sie zeigt genau an, dass kein besonderer Signifikant das Subjekt, das gezwungen ist in dem Zwischen-Zwei einer Zeichenkette zu stehen, repräsentiert.

In allen Fällen – und es handelt sich für jeden um den Ort, an dem sich ein Effekt des Subjekts: Gott, Volk, Poem, Begehren, bildet – ist das Gesetz des Begriffs das einer Prozedur der Unrepräsentation. Auch für mich repräsentiert die Politik keineswegs das Proletariat, die Klasse oder die Nation. Was in der Politik Subjekt wird, obwohl in seiner Existenz durch den politischen Effekt selbst erwiesen, bleibt in ihr unartikulierbar.

Es geht nicht darum, dass etwas, was existiert, repräsentiert sein könnte. Es geht um das, wodurch etwas zur Existenz kommt, was nicht repräsentiert wird und was rein und einfach seine Existenz präsentiert. Pascal verabscheut die (cartesianische oder thomistische) Idee der „Gottesbeweise". Für Rousseau präexistiert das Volk in keiner Weise vor dem Vertrag, durch welchen es sich als politische Fähigkeit konstituiert. Und dieser Vertrag selbst hat keinen denkbaren „Beweis". Mallarmé will ein Poem, das sich in sich selbst reflektiert, unerklärbar durch irgendetwas Äußeres. Vom Lacan'schen Subjekt wird man

[31] A.d.Ü.: Wir übersetzen hier literal aus dem Französischen. Die deutsche Übersetzung dieses Satzes von Creusot und Haas lautet: „Ein Signifikant ist, was für einen anderen Signifikanten das Subjekt vorstellt." Vgl. Jacques Lacan, *Subversion des Subjekts und Dialektik des Begehrens im Freudschen Unbewussten*, in: ders., *Schriften II*. Ausgewählt und herausgegeben von Norbert Haas, Weinheim / Berlin 1986, S. 165-204, hier: S. 195.

nicht einmal sagen, dass es existiert. Es ist vielmehr das Reale, das ek-sistiert. Ich finde selbst keinen großen Gefallen an den Existenzbeweisen des Proletariats. Es ist bereits genug, eine heterogene Politik ohne die Garantie irgendeiner Deduktion zu riskieren.

Wenn es einen Punkt des Unrepräsentierbaren gibt, dann kann sich das Denken nicht dem Reflex der Realitäten unterordnen. Es muss notwendig einen Schnitt machen, damit sich eine Prozedur der Erklärung in Bewegung setzt, die keinen äußeren Bezug hat. Das Denken, das nicht repräsentiert, produziert Effekte durch die Unterbrechung einer Kette der Repräsentationen. Jedes dialektische Denken ist folglich zunächst Interpretations-Schnitt. Es bezeichnet ein Symptom, von dem aus eine (hypothetische) Interpretation bezüglich der Effekte des Denkens zu formulieren ist. So bei Marx, der im *Manifest* auf der Basis dieser Ereignis-Symptome, die die Arbeiteraufstände zu Beginn des 19. Jahrhunderts sind, die Hypothese der proletarischen politischen Fähigkeit formuliert – einer Politik, die keine Politik der Repräsentation wäre.

Man erkennt ein dialektisches Denken an seiner interpretativen Methode. Es beginnt immer mit der Zurückweisung der Repräsentationen. Die Lacan'sche Methode, ähnlich der Freuds, besteht darin, die bewussten Repräsentationen als Anleitung zur Untersuchung des Subjekts zurückzuweisen und schräg durch interpretative Unterbrechung, über rätselhafte Indizien vorzugehen: Lapsus, Träume, Seltsamkeiten der Worte... Pascal leitet seine

Pädagogik ein, indem er in der Selbstaufwertung des Menschen eine Krise hervorruft. Er zeigt seine absolute Spaltung an: Der Mensch ist vollständiges Elend (winzige Parzelle des Universums, eingezwängt zwischen dem unendlich Großen und dem unendlich Kleinen, des Sinns beraubt) und unvergleichliche Größe (reflektierendes Denken seines Elends selbst). Hiervon ausgehend schlägt die interpretative Unterbrechung die Hypothese des Heils durch die Gnade vor, einzig dem Abgrund der Spaltung angemessen. Und Mallarmé lehrt die Teilung der Sprache. Es gibt auf der einen Seite ihre Funktion der Kommunikation, des Austausches, welche Mallarmé monetär nennt und auf der anderen Seite, das, was sich im System des Poems ankündigt und bezüglich dessen Mallarmé eine radikale Hypothese formuliert: die Fähigkeit der Sprache, das Wesen des Dings auf dem Grund des Nichts auszustellen.

In allen Fällen verkettet sich der Bruch mit den Repräsentationen mit einer generischen Hypothese in Hinsicht auf die Existenz einer Prozedur, in der die Wahrheit zirkuliert, ohne repräsentiert zu sein. Es ist eine Hypothese der Fähigkeit des Wahren: proletarische-politische Fähigkeit (Marx), Fähigkeit der Souveränität des Volkes (Rousseau), Fähigkeit des wiedervereinenden Heils (Pascal), Fähigkeit des absoluten Buchs (Mallarmé), Fähigkeit des Subjekts in der Wahrheit (Lacan). Und diese Hypothese instruiert retroaktiv am Ort des anfänglichen Symptoms selbst, an dem das Denken einen Bruch vollzieht (der Aufstand, das Poem, die Freiheit, die Spaltung im Abgrund, das Delikt des Signifikanten), das Subjekt, für das diese Fähigkeit der Prozess der Existenz selbst ist: das Proletariat, die Masse, das Volk, der christliche Mensch, das Unbewusste.

Ein dialektisches Denken schlägt folglich ein *Loch* in das Dispositiv des Wissens (der Repräsentationen), anlässlich eines symptomalen *Stoßes*, den es im Regime einer *Hypothese der Fähigkeit interpretiert*, an der sich die Nachträglichkeit eines Subjekts erweist.

Diese vollständige Methode findet man – außer bei Marx und Freud, die ihr modernes Regime sichern – in Frankreich nur bei Pascal, Rousseau, Mallarmé und Lacan.

Bemerken Sie, dass alle vier außergewöhnliche Meister der Sprache sind und zu den größten unserer Schriftsteller gehören. Das heißt, dass in Frankreich, wo die philosophische Gesamtheit niemals die deutsche Selbstsicherheit gehabt hat, allein die Kunst, die Haltung der Unentscheidbarkeit in der sich das Subjekt mit einem Ereignis verbindet, organisiert.

Ziehen wir tatsächlich in Betracht, dass wenn das dialektische Denken im Bruch einer Ordnung der Repräsentationen besteht, es niemals eine andere Garantie bezüglich des Realen als seine eigene Erfahrung hat. Der Stoß, der seine Löcherung autorisiert, ist ein singuläres Ereignis.

Das dialektische Denken beginnt nicht mit der Regel, sondern mit der Ausnahme. Und das neue theoretische Gesetz, das diese Ausnahme artikuliert, besteht hinsichtlich der Existenz des Subjekts nur in einer Form der Wette. Es ist eine lange Wette, eine hypothetische Erklärung. Rousseau gesteht sehr gern zu, dass zweifellos keine wirkliche Gesellschaft durch den Vertrag gestützt wird, durch welchen sich das Volk als subjektive politische Fähigkeit einsetzt. Das Buch Mallarmés ist nicht geschrieben worden. Man kann nach Pascal über kein besonderes Heil entscheiden, die Zahl der Erwählten ist unbestimmt, vielleicht gleich Null. Und die Wahrheit des Subjekts ist in der Schwebe, da die psychoanalytische Kur, ihrem Recht nach, unendlich ist. Wir wissen, was uns betrifft, was der „real existierende“ Sozialismus wert ist.

Aber diese Unentscheidbarkeit des Subjekts der Hypothese ist das Lösegeld dafür, dass es nicht repräsentierbar ist. Sie liegt im Prinzip der Wahrheit. Um das zu erklären und das anfängliche Ereignis widerhallen zu lassen, ist die Ressource der Kunst nicht überflüssig. Weder für die Religion noch für die Poesie und sicherlich auch nicht für den Analytiker, noch für den Gesetzgeber Rousseaus. Noch für die Politik, ohne jeden Zweifel, eher eine Kunst, denn eine Wissenschaft.

V. Formalismen 1
Verboten / Unmöglich

Mit dem Mut, mit dem uns solche Vorfahren versorgen, komme ich zu den formalen Vermittlungen zurück.

Dem, der mit nichts beginnt, erlaubt man die

einfachste Abstraktion.

Das Modell, nach dem ich vorgehen werde, ist von einer besonderen Magerkeit. Es dient dazu, die Sackgassen der Konzeptualisierung des Repräsentierbaren zu begründen. Seine Ernsthaftigkeit ist der analog, die Lyotard dem Corpus der Anekdoten der Sophistik und des Skeptizismus zuweist oder Lacan seinen Gleichnissen, wie jenem der drei Gefangenen: die Schwierigkeiten des Seins in einer Ordnung zur Schau zu stellen, in der die treffende logische Komik allein zur Funktion hat, die Realität auf Distanz zu halten. Mein Corpus leitet sich aus dem Buch von Raymond Smullyan ab, das zum Titel hat: *Wie heißt dieses Buch?*[32] auf eine Weise, dass jedem, der nach dem Titel dieses Buches fragt, der Spiegel vorgehalten wird: Wie heißt dieses Buch? So wie wir schließlich jedem, der uns fragt, was unsere Politik ist, antworten können, dass es darum geht, dass er an der Frage partizipiert: Was ist unsere Politik?

Ich setze ein Universum voraus, in dem es nur Sätze gibt, deren intuitive Qualifikation wahr oder falsch ist. In diesem Universum sind die Produzenten von Sätzen an feste Gesetze gebunden, die sie in zwei Klassen eintei-

---

32 *This book needs no title*, Englewood Cliffs, N.J. 1980 (dt. Braunschweig 1981). Raymond Smullyan ist ein besonders erfindungsreicher Logiker, dessen „Didaktik“ aufschlussreich für den Philosophen ist. In gewisser Hinsicht nimmt er, indem er sie perfektioniert, wieder die Kunstgriffe der Präsentation der Logik auf, die man bei Lewis Carroll findet. Zitieren wir neben dem genannten Buch seine *Theory of Formal Systems* (Princeton 1961), in der man die anregendste Präsentation des berühmten Theorems von Gödel über die Unvollständigkeit der formalisierten Arithmetik erster Ordnung findet.

len: die, die nur wahre Sätze produzieren können und die, die nur falsche Sätze produzieren können. Später werden wir die Klasse derjenigen, die in gleicher Weise falsche oder wahre Sätze produzieren können, hinzufügen. Wir fügen uns so selbst zum anfänglichen Universum hinzu.

Mit höchster Ehrfurcht gegenüber der hegemonialen Konstitution des Staatsbewusstseins bei uns und in Erinnerung an das, was hier vor sehr langer Zeit meine Verpflichtung war, werde ich die Linke die Klasse derjenigen, die immer das Wahre sagen, die Rechte die Klasse systematischer Lügner nennen. Dies wird uns vom berühmten kretischen Lügner unterscheiden, den wir sehr wohl die Bühne, von rechts nach links, überqueren sehen werden.

Bemerken wir, hinsichtlich des Wahren und des Falschen, dass der Satz allein über den Platz, rechts oder links, an dem sich sein Produzent befindet, qualifizierbar ist. Es gibt folglich eine ursprüngliche Verschränkung zwischen der Aussage und der Äußerung, da mich die Bestimmung des Platzes der Äußerung sogleich autorisiert, die Aussage zu qualifizieren. Wir haben hier eine Topologie der Wahrheit, insofern sie durch den Ort erkennbar wird. Ihr Schicksal ist mit der Orientierung eines Raums verbunden. Wir werden sehen, wie es sich dabei mit der Zeit verhält.

Der Schlüssel des Dispositivs liegt darin, dass wenigstens ein Satz hier nicht artikulierbar ist, eine Aussage ohne zugelassene Äußerung. Es handelt sich um die selbstbezügliche Aussage, eine Variante der Aussage des Kreters: „Ich bin rechts." Das ist übrigens die Regel der Realität oder der parlamentarischen Höflichkeit, dass niemand sagt: „Ich bin rechts." Die Rechte ist immer in der zweiten Person: „Du bist rechts" ist das Gängige. „Ich bin rechts" ist niemals die Aussage der Rechten, die verneint, dass diese Aussage einen Sinn hätte. Es ist allein die Aussage der extremen Rechten, insofern gehört sie auch nicht richtig dazu. Aber, leider, gehört sie in die Zeit.

„Ich bin rechts" ist in meinem Modell nicht von einem Rechten artikulierbar, welcher, immer das Falsche sagend, nicht seine Wahrheit sagen kann. Ebenso nicht von einem Linken, der, die Wahrheit sagend, gezwungen ist, sich als Linker zu bekennen. Diese Aussage ist folglich gemäß dem Gesetz des Ortes nicht zu verwirklichen. Das heißt so viel wie, dass sie in der Position des allgemeinen Realen ist: Die Konsistenz des Ortes leitet sich banaler Weise davon ab, dass Rechts und Links gemein haben, nicht das von-Rechts-Sein sagen zu können, was selbstverständlich und in der Tat ihr wirkliches politisches Sein ist, des einen wie des anderen.

Dieses Reale ist indessen nur strukturell. Es ist der eigentliche Mangel der möglichen Aussagen. Es hat nichts mit irgendeiner Situation zu tun, da ja jede Situation, d.h. jeder Komplex von wahren oder falschen Sätzen, eine Möglichkeit realisiert, die unter der Bedingung dieses Mangels steht. Ich werde festlegen, dass ein solcher struktureller Mangel ein *Verbot* des Ortes ist. Das Verbot ist, in meinem Sinne keine politische Kategorie, weil es in gleich welcher Situation nicht zu verwirklichen ist. Es ist eine Kategorie des Seins des Gesetzes selbst. Damit lege ich auch fest, dass die klassische Vorstellung der Überschreitung des Verbots, wenn sie, wie man vorgibt, eine erotische Wirkung hat, keine politische Wirkung hat.

Wenn er sich nur damit begnügt zu sagen, dass er rechts ist, unterstellt sich der Politiker der extremen Rechten mehr der Provokation seines Genießens als seinem Effekt auf der politischen Bühne. Leider sagt er vieles anderes.

Dem Verbot werde ich die Geschichtlichkeit des *Unmöglichen* entgegenstellen.

Betrachten wir die folgenden Sätze, in die diesmal, immer noch in unserer Topologie von rechts / links, zwei Personen impliziert sind, sagen wir A und B. Der Satz 1 ist: „B ist rechts." Der Satz 2 ist: „A ist links." Für sich genommen, sind diese Sätze von jedem Beliebigen artikulierbar, außer natürlich der erste von B selbst, da niemand sich als rechts deklarieren kann. Aber im Allgemeinen sind diese Sätze keinesfalls verboten. Im Besonderen kann A ohne weiteres sagen, dass B rechts ist und B kann ohne weiteres sagen, dass A links ist. Es genügt hier, dass die Wahrheit und Falschheit dieser Behauptungen mit der Klasse der Sprecher konform sind. Wenn also B links ist – er sagt die Wahrheit – und A ebenfalls links, ist die Aussage von B, dass A links ist, mit seiner Äußerungsstätte konform, wahr.

Das Problem ist, dass das Ereignis hier die Bühne in

seiner eigenen Funktion der Verunmöglichung betritt. Wenn A sagt, dass B rechts ist, macht er es für immer unmöglich, dass B sagt, A sei links und dies ganz gleich, ob A und B rechts oder links sind. Weder der Satz 1 noch der Satz 2 sind strukturell verboten. Aber die Äußerung von 1 durch A macht die Äußerung von 2 durch B unmöglich.

Wenn tatsächlich A sagt, dass B rechts ist, gibt es zwei Möglichkeiten:

A ist links, er sagt die Wahrheit, folglich ist B rechts. In der Konsequenz sagt B das Falsche, folglich kann er nicht sagen, dass A links ist, da das ja wahr ist.

A ist rechts, er sagt das Falsche, folglich ist B links (und nicht rechts, wie A vorgibt). Folglich sagt B die Wahrheit und kann also nicht sagen, dass A links ist, da A ja rechts ist.

Sobald die Aussage, dass jemand rechts ist, von wem auch immer artikuliert wird, ist dieser jemand folglich außer Stande zu sagen, dass jener, der ihn so qualifiziert hat, links ist. Er hätte es aber gekonnt, wenn der andere nicht als erster gesprochen hätte. Die Unmöglichkeit des Satzes 2 ist dieses Mal nicht wie das „ich bin rechts" ein Verbot der Struktur, sie induziert sich von einer konstatierbaren Tatsache, der wirksamen Artikulation des Satzes 1.

In diesem Sinne spreche ich davon, dass es sich um eine historische Unmöglichkeit handelt und nicht um ein Verbot des Ortes. Bemerken Sie auch, dass sich das Verbot an alle richtet, wohingegen unser Unmögliches das eines Einzelnen ist, desjenigen, der als rechts qualifiziert wurde. Das Unmögliche ist eine Kategorie des Subjekts, nicht des Ortes; des Ereignisses, nicht der Struktur. Sie ist das Sein für die Politik.

Um das auszusagen, was verboten ist, muss man schlicht und einfach das Gesetz des Ortes sprengen. Um demgegenüber auszusagen, was historisch ihr Unmögliches ist, muss man nur eine Tatsache zur Seite schieben. Der Satz 2 wird wieder artikulierbar, wenn das Individuum B sich so verhält, *als ob* der Satz 1 nicht von Individuum A artikuliert worden wäre.

Das Verbot verlangt die totale Zerstörung, um darüber hinwegzugehen. Für das Unmögliche ist eine Art Taubheit ausreichend. Mein Ereignis konstituiert sich in dem Missverstehen dessen, was ihm voran gegangen ist und das eigentlich dessen Verunmöglichung sein soll.

So ist die Arbeiteraussage der Rechte in Talbot nicht die unmittelbare und strukturelle Subversion der Ordnung. Zu ihr reicht aus, nicht zu verstehen, was sie verunmöglicht, das heißt das, was von der gesamten Gesellschaft gesagt worden ist: dass der immigrierte Arbeiter nur eine importierte Ware, folglich ohne schriftliches Recht auf Unterhalt und auf Identität ist. Da die Aussage des Rechts ohne Recht ja intrinsisch möglich ist, unmöglich nur durch all das, was ihr vorhergeht, kann sie auf dem Boden des Widerrufs der vorangegangenen Tatsachen und ohne die Vernichtung des Gesetzes zu fordern geschehen.

Das historisch zugeschriebene Wesen des Unmöglichen ist es folglich, der Stimme der Zeit gegenüber taub zu sein. Damit ist eine prä-politische Situation geschaffen, deren Prinzip, wie man sieht, die Unterbrechung ist. Unterbrechung der gewöhnlichen sozialen Hörigkeit, Ausschluss der Tatsachen. Deswegen kommt auch die Polizei, die immer die Polizei der Tatsachen ist, Polizei gegen die Tauben. „Sind sie taub?“, sagt der Bulle. Er hat Recht. Die Polizei ist immer nur der Verstärker der bereits etablierten Tatsachen, ihr maximaler Lärm, auf all die gerichtet, deren Taten und Worte attestieren, dass sie tauben Ohres sind, da es ja historisch unmöglich ist.

Setzen wir folglich fest, dass die politische Markierung einer prä-politischen Situation erfordert, dass man in ihr durch das Erfassen dessen, was sie unterbricht, angeleitet wird. Denn der Punkt des Unmöglichen ist nur zu diesem Preis möglich.

Man macht heute einen großen Rummel um die Kommunikation. Allerdings ist es klar, dass es die Inkommunikation ist, die, eine Möglichkeit aus dem Unmöglichen machend, die Wahrheit in der Politik zirkulieren lässt.

VI. Formalismen 2
Diskriminante Intervention und wettende Intervention

Was sind die Strukturen und Wege dieser Zirkulation?

Eine einzige kleine Geschichte wird uns anleiten.

Nehmen wir dieses Mal einen Ort an, der neben der

Existenz der Linken der Wahrheit und der Rechten des Falschen durch ein Zentrum geregelt ist, das sich aus Leuten zusammensetzt, die gleichermaßen zu wahren wie zu falschen Sätzen fähig sind.

Ein politisches Verbrechen hat stattgefunden. Die Polizei ermittelt. Drei Verdächtige werden aufgrund von Indizien verhaftet. Die Polizei weiß zu diesem Stand der Ermittlung vier Dinge:

Es gibt nur einen Schuldigen.

Dieser Schuldige gehört nicht zur Partei der Rechten, die kein politisches Interesse daran hat, hinter dem Verbrechen zu stecken.

Von den drei Verdächtigen ist einer links, der andere rechts, der dritte aus dem Zentrum. Das Unglück ist, dass man nicht weiß, wer welcher ist.

Allerdings, und das ist der vierte Punkt, haben die drei Verdächtigen jede Aussage verweigert, außer diesen:

Der Verdächtige A erklärt: „Ich bin unschuldig."

Der Verdächtige B erklärt: „A ist tatsächlich unschuldig."

Der Verdächtige C erklärt: „Das ist nicht wahr, A ist schuldig."

Von einem streng analytischen Gesichtspunkt aus ist die Situation hier durch vier Parameter bestimmt, die ihr die Struktur einschreiben.

Sie haben die Tatsache selbst, das Verbrechen. Sie haben die konjunkturellen Zwänge, die immer Einschränkungen von Hypothesen sind. In diesem Zusammenhang: dass die Rechte das Verbrechen nicht begangen hat oder dass die drei Verdächtigen die drei Parteien repräsentieren. Sie haben die Sätze, deren Bezug die Tatsache ist, und die Erklärungen der Verdächtigen. Diese Sätze verschränken das Subjekt übrigens zugleich mit der Tatsache selbst (wer ist schuldig?) und mit der Äußerung von Sätzen, die zur Tatsache relative sind. Schließlich haben Sie den strukturellen oder logischen Zwang, das Gesetz des Ortes, der sich relativ zur Topologie des Wahren und zu seinen Klassen verhält.

Eine Situationsanalyse heißt, eine Tatsache ausgehend von den Sätzen über die Tatsache und im Rahmen der konjunkturellen und formalen Zwänge zu befragen, noch ohne jegliche Politik. Es geht darum, das zu meistern, was in der Situation der durch die Tatsache selbst gestellten Frage entscheidbar ist, das heißt in der durch die strenge Analyse gestellten Frage. Man verfährt hier ohne Intervention, das heißt ohne überzählige Aussage. Weil sie noch nicht prä-politisch ist, ist die Situation noch unter der Aufsicht der Tatsachen. Beobachten wir den Intellekt des Detektivs bei seiner Arbeit.

A sagt „Ich bin unschuldig“. Wenn er rechts wäre, spräche er falsch. Folglich wäre er schuldig. Das ist nicht exakt, da ja ein konjunktureller Zwang uns davor warnt, dass die Rechte nicht hinter dem Verbrechen steckt.

Folglich ist A entweder links oder aus dem Zentrum.

Wenn er links ist, da er ja sagt, dass er unschuldig ist, ist er es, da er nach dem formalen Zwang zum Wahren gezwungen ist. In diesem Fall sagt der Verdächtige B, der sagt, dass A unschuldig ist, das Wahre. Dieser B ist folglich entweder links oder aus dem Zentrum. Aber er ist nicht links, da es ja A bereits ist. Nun gibt es aber nur einen Repräsentanten jeder Partei. Folglich ist B aus dem Zentrum. Zudem ist er in dieser Hypothese schuldig, da ja der einzig andere mögliche Schuldige, der Linke, A, es nicht ist.

Von hier aus kommt man zu einer kohärenten analytischen Hypothese: A ist links, B aus dem Zentrum und schuldig, C, schließlich, ist zwangsläufig rechts, was passt.

Unglücklicherweise gibt es andere kohärente Hypothesen. A, wir haben es gesagt, kann tatsächlich auch nicht links, sondern aus dem Zentrum sein. In welchem Fall, wenn B rechts ist und sagt, dass A unschuldig ist, er lügt, folglich A schuldig ist. Und C ist links, was passt. Die Hypothese: A aus dem Zentrum und schuldig, B rechts, C links funktioniert, das heißt erschöpft die Gegebenheiten und die Zwänge. Schließlich, immer noch in der Annahme, dass A aus dem Zentrum ist, kann es sein, dass B links ist. Er sagt As Unschuld erklärend das Wahre, aber er erklärt dadurch seine eigene Schuld, da ja der Schuldige, wenn er nicht der aus dem Zentrum ist, der Linke sein muss. Und wiederum ist C rechts. Die Hypothese A aus dem Zentrum, B links und schuldig, C rechts, passt gleichermaßen.

Wir gelangen so zu einer Tabelle, die ein analytisches Wissen der Situation ist (S bezeichnet die Schuld):

	1	2	3
A	L	Z +S	Z
B	Z+S	R	L+S
C	R	L	R

Wir haben das vor Augen, wozu die analytische Intelligenz maximal fähig ist, die höchste Subtilität des Kommentars ohne jegliche Intervention. Das sind die bekannten Szenarien, auf die unsere Journalisten so versessen sind. Noch sind sie weit davon entfernt, für unendlich komplexere Situationen so viel deduktive Arbeit wie in dieser skelettartigen Situation zu fordern! Wir betrachten in der Ausschöpfung der faktischen und ordnungsgemäßen Gegebenheiten die Korrelation zwischen einer Tatsache und drei Hypothesen, wo das Ereignis, die Geste des Verbrechens, wie ihre Lokalisierung der Äußerung (die Linke oder das Zentrum) im Unentscheidbaren verborgen bleiben.

Nun haben wird die Ressourcen der Analyse ausgeschöpft und wir haben folglich durch diese Tabelle die Zählung-als-Eins der Situation, ihre Vereinheitlichung gemäß der Regel des Ortes auf uns genommen.

In der Interpretation weiter zu gehen, erfordert, dass man etwas hinzufügt, dass man erweiternde Aussagen einführt. Der subjektive Effekt ist hier, dass man die Situation erweitern muss, nur damit sich in ihr, vielleicht, das Ereignis herausstellt, das sie hütet.

Ein Subjekt, folglich eine Politik, ist das Zwischen-Zwei eines aufzuklärenden Ereignisses und eines aufklärenden Ereignisses. Es ist das, was ein Ereignis für ein anderes Ereignis repräsentiert.

Hier beginnt die Logik der Intervention, die der Punkt des Supplements ist, durch den die zuvor in der Situation blockierte Wahrheit in der Figur des Ereignisses zirkuliert.

Jedoch wäre es unvernünftig, sich vorzustellen, dass die Intervention von jedem konjunkturellen Zwang abgezogen ist und insbesondere von jedem Zwang der Dauer. Wer ein bisschen Politik betrieben hat weiß, an welchem Punkt sie, in Bezug auf die Situation, unter dem Druck einer Dringlichkeit ist. Von der Aufmachung dieser Dringlichkeit hängt ab, dass die Wahrheit ist.

Sagen wir hier, dass der Intervenierende, der einen sehr kurzen Zugang zu den drei inhaftierten Verdächtigen hat, über sehr wenig Zeit verfügt, die Zeit für maximal ein oder zwei Sätze seinerseits.

Die Politik konzentriert sich oft darin, dass die gute Frage gestellt werden muss, die einen Schnitt für die Befreiung dessen macht, dessen unmögliche Möglichkeit die Tabelle, die Einheit der Hypothese, weiterführte. Das ist die ganze dringliche Ästhetik der Intervention.

Die Intervention wird hier über ihren einzigen Umweg der Gewissheit, den Sie in der Tabelle lesen, die Situation angreifen: Der Verdächtige C kann nicht schuldig sein. Die Intervention geht vom Punkt der Dummheit der Polizei aus, welche, allein vom analytischen Stand aus, C hätte befreien müssen. Die Intervention greift sofort dieses Symptom der Dummheit in der Situation auf, indem sie C fragt und dies ist die erste Frage: „Sind Sie schuldig?“ Sie stellen diese Frage nur, weil Sie, durch reine Analyse, ihre wahre Antwort kennen, die „Nein“ ist, da C ja nicht schuldig ist. Sie könnten folglich von dieser Antwort ausgehend den Ort der Äußerung ihres Gesprächspartners ermessen, das heißt, wissen, ob C rechts oder links ist, da er ja auch, wie die Tabelle zeigt, nicht aus dem Zentrum sein kann.

Das politische Kunststück, das darin besteht, einem Gesprächspartner die Frage zu stellen, die von seinem eigenen Ort der Äußerung beherrscht wird, ist, was ich eine diskriminante Intervention nenne.

Wenn C antwortet, dass er nicht schuldig ist, ist die Angelegenheit vollkommen geregelt. Er sagt das Wahre, er ist folglich links und es ist die Hypothese 2, die validiert ist.

Wenn C jedoch mit Ja antwortet, dass er schuldig ist, ist er rechts und wir verbleiben mit zwei Hypothesen, 1 und 3.

In jedem der Fälle hat man einen Zugewinn an Wissen.

Zunächst weil wir die Hypothesen von drei auf zwei zurückgeführt haben. Aber vor allem, weil die Frage des Schuldigen – jene, die immer noch die analytische Intelligenz kitzelt – sich im gleichen Zug geregelt findet: In den Hypothesen 1 und 3 ist B der einzige mögliche Schuldige.

Die Intervention ist darin diskriminant, dass man im Vorhinein diesen Gewinn mit Gewissheit kalkulieren kann. Entweder die Antwort von C entscheidet die Frage, wenn sie Nein ist, oder wenn sie Ja ist, reduziert sie die Zahl der kohärenten Hypothesen von drei auf zwei und bestimmt den Schuldigen.

Aber gerade die Intervention, insofern sie das Atom der Politik ist, könnte sich nicht mit der Benennung des Schuldigen zufrieden geben. Dessen Lokalisierung (Links oder Zentrum) bedeutet ihr weitaus mehr, weil sie mit der Äußerung – mit dem Subjekt – und nicht mit der objektiven Tatsache allein verbunden ist. Nun regelt die Schwebe zwischen den Hypothesen 1 und 3 diesen Punkt nicht. Wenn diese Schwebe der Fall ist (C hat „Ja" geantwortet), erhöht sich die Dringlichkeit, denn der Intervenierende muss auf einmal zwischen den beiden fortbestehenden Hypothesen entscheiden.

Die politische Kunst führt dazu, Folgendes zu tun: A zu fragen, ob C schuldig ist. Hier ist es ebenfalls die Gewissheit, derer man sich versichert (C ist nicht schuldig), um zwischen Hypothese 1 und 3 zu diskriminieren. Denn wenn A mit „Ja" antwortet, wie es falsch ist, dann weil er die Fähigkeit zum Falschen hat, es ist folglich die Hypothese 3, die begründet ist (ich erinnere daran, dass die 2 aus dem Spiel ist, denn wäre sie die richtige, hätte die erste Frage des Intervenierenden uns dies bereits gelehrt).

Wenn jedoch A mit „Nein" antwortet, ist es wahr und ich kann nicht schlussfolgern, denn Links und Zentrum haben beide die Fähigkeit zum Wahren.

Meine Frage ist folglich so beschaffen, dass sie ihre Qualifikation retroaktiv von ihrer Wirkung erhält. Das „Ja" macht sie siegreich, das „Nein" vollständig vergeblich, da es auf die vorherige Situation zurückführt.

Die erste Frage produzierte einen Effekt notwendiger Modifikation im Wissen. In diesem Sinn hatte sie den Status einer gesicherten Fortsetzung der analytischen Intelligenz. Das versteht sich nicht von selbst, wenn ich das Risiko eingehe, keinen Effekt zu haben. Die Schwebe dessen, was in der Form der Antwort eintritt, ist vollständig und balanciert die Zeit der Antizipation, bevor ihr das retroaktive Siegel zwischen Nichtigkeit und Beherrschung aufgeprägt wird.

Es ist dieser Typ der Intervention, den allein sein Effekt qualifiziert und der unter der Gefahr der Nichtigkeit ist, den ich wettende Intervention nenne. Die Politik ist pascalsch, indem sie vorgibt, dass es in jedem Fall besser ist zu wetten, wenn man zur extremen Grenze dessen gelangt, was die Sicherheit der Analyse autorisiert und was die diskriminante Intervention, wie ich es gesagt habe, weiterführt.

Das Scheitern im vorliegenden Fall heißt, nicht besiegt worden zu sein, sondern nur die Doppeldeutigkeit verifiziert zu haben, zu der die Analyse der Situation führte. Eine intrapolitische Niederlage ist für mich die eintretende Unfähigkeit, die Politik von der Analyse zu trennen. Scheitern heißt, einen gegebenen Zustand der Gewissheit nicht zu unterbrechen.

VII. Intervention und Organisation. Die Politik. Das futur antérieur.

In der Konzeption der Politik, an die ich mich halte, sind es nicht die Kraftverhältnisse, die zählen, sondern die praktischen Prozesse des Denkens. Schauen wir uns an, an welchem Punkt die toten Politiken, von welcher Seite auch immer, ihre Begriffe militarisiert haben: Strategie, Taktik, Mobilisierung, Tagesordnung, Offensive und Defensive, Bewegung und Position, Eroberung, Truppen, Generalstab, Allianzen... Das Modell des Krieges ist omnipräsent. Was man zumindest in der Sprache wahrnimmt, ist die Inversion des Clausewitz'schen Axioms. Man könnte sagen, dass die Politik die Fortführung des Krieges mit den gleichen Worten ist.

Gibt es in dieser kriegerischen Figur eine Verantwortung Marxens für den Todeskampf, in den er die historischen Klassen einbindet? Ich würde vielmehr sagen, dass Marx eine vorherrschende und ältere Konzeption validiert hat, die aus der Gewalt ihren konzentrierten Ausdruck macht, indem sie die Politik dem Machtkonflikt unterstellt.

Die marxistische Neuerung, so sagt er selbst in dem Brief an Weydemeyer[33], liegt weder in den Klassen noch in ihrem Kampf. Sie beruht auf der strategischen Hypothese des Kommunismus, d.h. auf der Hypothese der Abschaffung der Politik, die nur als Figur der Gewalt, die

[33] A.d.Ü.: Karl Marx, *Brief an Weydemeyer (1852)*, in: MEW, Bd. 28, S. 507f.

die Herrschaft umgibt, verstanden wird. Die Ambiguität von Marx liegt darin, die Politik in ihrem antagonistischen Begriff erhalten zu haben, die innovativen Bewusstseinsformen an das übertragend, was er sich als eschatologisches Ende der Politik selbst vorstellte. In diesem Sinn lässt sich klarerweise sagen, dass Marx vielmehr den möglichen Inhalt einer anderen Politik bezeichnet hat, als dass er mit der überkommenen Form jeder möglichen Politik gebrochen hat. Marx hat in gewisser Weise der gewöhnlichen Idee der Politik den Hinweis auf ihr mögliches Verschwinden hinzugefügt, eines Verschwindens, von dem er sich vorstellte, dass es sich durch die Mittel der alten Politik selbst vollzieht, sobald sie vom Arbeitersubjekt in die Hand genommen würde.

Man muss heute die Aktualität der Unabhängigkeit der Politik in Bezug auf die Staatsgewalt herstellen, und nicht deren Prophetie betreiben, dabei ganz die Zuschreibung der Hypothese zu den Arbeiter- und Volksereignissen wahrend. Dieses Erhalten berührt besonders Polen, wo die Politik jedenfalls in einer transformierten Vision der Zeit situiert ist und wo die andauernde arbeiterhafte politische Konsistenz definitiv gegenüber der Angriffsfähigkeit bevorzugt wird.

Dass die Politik in ihrem Feld den Staat und den Krieg, den Zwang und die Rebellion beherrschen sollte, daran besteht kein Zweifel. Man sollte heute aber daran zweifeln, dass sie koextensiv mit dieser Beherrschung und ihr zentraler Begriff der des Antagonismus sei.

Oder es wäre vielmehr zu fragen: Was ist eine radikale Politik, die an die Wurzel geht, die die Verwaltung des Notwendigen ablehnt, die die Ziele reflektiert, die die Gerechtigkeit und die Gleichheit erhält und praktiziert, und die doch zur Zeit des Friedens steht und nicht das leere Erwarten der Katastrophe ist? Was ist ein Radikalismus, der zugleich eine unendliche Aufgabe ist? Denn ist es wichtig festzulegen, dass die Politik, die revolutionäre Politik, wenn man dieses Adjektiv beibehalten will, genau wie die Analyse für Freud, wesentlich endlos ist. Wohingegen das alte antagonistische Gesetz so schnell wie möglich seine Angelegenheiten beenden wollte und wohingegen das parlamentarische Gesetz, den Zielen gegenüber indifferent, nicht über seine inaktive Gegenwart hinaussieht, d.h. etwas Zählbares, das sich zwischen der nächsten Wahl und der nächsten Währungsabwertung verteilt.

Diesbezüglich lege ich fest, dass die wettende Intervention, die sich auf das Ereignis mit der Hypothese bezieht, dass sich Anderes unter dem Selben verbirgt, dass die Zwei durch die Struktur als Eins gezählt worden ist, das Atom der Politik ist. Diese Intervention ist nur möglich unter der Hypothese von Hypothesen, dem inauguralen Axiom, das behauptet, dass man den Ereignissen eine politische Konsistenz geben kann, in denen sich aussagt, dass es Heterogenes gibt, dass die Politik nicht durch die Ökonomie vernichtet worden ist, oder dass die Gerechtigkeit eine intrinsische Dimension des Subjekts ist und dass man ihre Wirkung dort erfassen kann, wo sich die staatliche Kommunikation unterbricht, dort, wo sich das soziale Band in affirmative Singularitäten zerteilt.

Die wettende Intervention politisiert eine prä-politische Situation, indem sie eine Interpretation vorschlägt, in der sich das Ereignis konstruiert. Sie hält die Zwei gegen die Struktur des Eins. Dies mit dem Risiko ihrer Nichtigkeit. Es ist folglich das vollkommene Gegenteil einer gelehrten und programmatischen Intervention. Sie artikuliert nicht das, was zu tun sei, sondern was gedacht worden sein wird. Dieses futur antérieur ist konstitutiv, da sich dieses Denken bezüglich der intervenierenden Hypothese sowie der direkten Akteure der Situation erst in der Retroaktion erweist oder nicht.

Dieses Denken ist, wie das, was der Zählung entgeht, gewesen, weil gesprochen zu haben es in der Antwort, die es verifiziert, seiend machen wird.

Die Zeit dessen, was Totalitarismus genannt wird, ist die Vergangenheit, die Legitimität ist legendenhaft oder auf der Rasse gegründet. Die parlamentarische Zeit ist die Nullität der Gegenwart auf ihrer Habenseite. Die klassische revolutionäre Zeit ist schließlich die Zukunft.

Aber die reale politische Zeit ist das futur antérieur.

Diese Zeit impliziert die Organisation in der doppelten Dimension ihrer Vorgängigkeit und ihrer Zukunft.

Für gewöhnlich wird die Organisation in der Spannung zwischen ihrer expressiven Funktion und ihrer instrumentalen Funktion gedacht. Expressiv ist sie, insofern, als sie eigentlich repräsentieren soll: im Marxismus die Klassen mit politischer Fähigkeit; im Liberalismus die

Meinungsströme. Instrumental ist sie über die Vermittlung ihres Programms, wodurch sie die Interessen und Bewusstseine organisiert. Es geht darum, die Positionen der Macht an sich zu reißen, von denen aus das Ins-Werk-Setzen dieses Programms den Termen, die man ausdrückt, Befriedigungen verschaffen wird.

Diese Ontologie der Organisation oder der modernen Partei, die eine Art Leibniz'schen Ausdruck und eine programmatische Theorie des politischen Bewusstseins dialektisiert, ist meiner Meinung nach allen politischen Strömungen absolut gemein, und der gewöhnliche Marxismus, der alte Marxismus, führt an diesem Punkt keinen bedeutenden Bruch ein. Die Dialektik konzentriert sich hier in dem Punkt, an dem das Programm, die Verbindung der Expressivität und des Instrumentellen, des vereinigten Bewusstseins und der Praxis des Staates sich seinerseits allgemeinen Realitäten unterworfen findet, in denen nicht mehr lesbar ist, was es eigentlich ausdrücken soll. Denn der Staat müsste in der programmatischen Vision in gewisser Weise das Partei-Instrument des sein. Nun ist er aber unwiderruflich deren Meister, derjenige, der nichts ausdrückt, sondern sich abtrennt. Die staatliche Teilung ist vom Ausdruck her unzugänglich. Die allgemeinen Aufgaben des Staates binden den Willen an die Imperative, in denen die Aufrechterhaltung des Orts, wenn nötig durch den Terror, notwendig den Sieg über das Prinzip der Ent-Bindung davon trägt, ein Prinzip, in dem die Idee wurzelt, dass ich in der Politik auf eigene Rechnung wollen kann.

In der herrschenden, liberalen oder marxisierenden, sowie faschistischen Konzeption ist die Politik in Wirklichkeit unterdrückt. Weder die Idee der Klasse noch die der freien Meinungen kann sie ersetzen. Der Komplex von Staat und Ökonomie besetzt alles Sichtbare. Die modernen Parteien, ob sie nun einzeln oder viele seien, erhalten ihre reale Qualifikation nur vom Staat. Nun ist der Staat sicherlich ein wesentlicher Term des politischen Feldes, aber er ist für sich selbst a-politisch. Das ist der tiefe Sinn, den ich der polnischen Aufwertung der Gesellschaft zuschreibe. In Wahrheit geht es nicht um die Hegel'sche Opposition von Staat und bürgerlicher Gesellschaft. Es geht darum, den Ort einer Rekonstitution der Politik zu benennen, die nur ausgehend von der Unabhängigkeit vom Staat eine Chance hat stattzufinden, nicht weil der Staat der gegnerische oder oppositionelle Term ist, sondern weil er a-politisch ist. Daraus entsteht eine riskante und dauerhafte intervenierende Konfiguration, die sich auf die Fabrikarbeiter stützt, deren einziges Ziel darin besteht, dass sie in jedem Moment die immanente Ereignishaftigkeit der Politik zu bewahren sucht.

So verstanden, ist die Organisation durch Entscheidung notwendig, die weder durch eine strukturelle Gegebenheit vom Typ der Klasse noch durch eine passive Gegebenheit vom Typ der Meinung unterstützt wird. Sie ist, ganz einfach, Organisation der Politik, Organisation des futur antérieur.

VIII. Was ist der Dogmatismus?

In den vorgelagerten prä-politischen Situationen fordert die wettende Intervention aus zwei Gründen organisiert zu werden. Zunächst, weil es darum geht, ich habe es gesagt, die Kommunikation zu unterbrechen, damit das Unmögliche in seiner Geschichtlichkeit geschieht. Der organisierte kollektive Körper ist zunächst eine konstruierte Taubheit gegenüber der Anweisung der etablierten Tatsachen. Der Einsame hat das Ohr zu weit offen. Das organisierte Kollektiv allein besitzt die Dichte eines Ohrstöpsels. Dann, weil eine wettende Intervention nur rational ist, wenn sie den Bereich der diskriminanten Intervention ausgeschöpft hat. Man tut sich zusammen, um zu kontrollieren, dass das Risiko notwendig ist.

Noch ein Geschichtchen, das letzte.

In meinem rechts / links Ort nehme ich an, dass es drei Personen gibt, A, B und C. A sagt: „B und C sind von der gleichen Partei."

Nehmen wir an, weil ich wissen will, was sich an Wahrheit in dieser Behauptung versteckt, dass ich C frage: „Sind A und B von der gleichen Partei?" Alles in allem eine plausible Intervention. Aber was wird mir C antworten?

a) Wenn A links ist, sagt er die Wahrheit. Folglich sind B und C von der gleichen Partei.

Nehmen wir an, B und C seien links. A und B sind also von der gleichen Partei, der Linken. Und weil C auch links ist, wird er mir die Wahrheit antworten, d.h.: „Ja".

Wenn B und C rechts sind, sind A und B nicht von der gleichen Partei, A ist durch Hypothese links, B rechts. Aber weil C rechts ist, lügt er, folglich wird er bejahen, dass sie von der gleichen Partei sind. Wiederum antwortet er mir: „Ja".

b) Wenn nun A rechts ist, hat er das Falsche gesagt. Folglich sind B und C nicht von der gleichen Partei.

Nehmen wir an, B sei links und C rechts. A und B sind nicht von der gleichen Partei, aber C lügt, folglich antwortet er mir: „Ja".

Und schließlich, wenn B rechts ist und C links, sind A und B von der gleichen Partei. Und weil C die Wahrheit sagt, antwortet er mir: „Ja".

Die Antwort von C ist „ja" in allen Zugehörigkeitskombinationen. Das heißt, dass meine Frage absolut nichts diskriminiert, noch mir irgendwie weiterhilft, herauszufinden wer A, B und C sind. Die Situation ist durch meine Intervention nicht geöffnet worden. Diese Situation wäre vielleicht prä-politisch gewesen, aber ich wüsste nichts davon.

Wir vereinbaren, diese Art der Intervention, die, indem sie einer Situation die Frage stellt die in ihr keinen Effekt produziert, nicht dazu dienen kann, sie zu qualifizieren, die nichtige Intervention zu nennen.

Sagen wir, dass die formale Matrix des Dogmatismus so beschaffen ist. Was der Dogmatiker sagt, ist nur scheinbar überzählig. Die Ununterschiedenheit der Antworten, die er erhält, etabliert, dass er nur ein Parasit der Situation ist, welche ihm die strukturale Massivität der

Zählung-als-Eins zurückschickt.

Der Dogmatiker steht niemals unter der Macht der Zwei. Und in der Konsequenz ist er selbst das Korrelat der Struktur. Das Ereignis mangelt ihm aus Prinzip.

Die Organisation, so wie ich ihren Begriff etabliere, ist ein Ereignisapparat, ein Risikoapparat, ein Wettapparat. Dieser ist in seiner ganzen diskriminanten kollektiven Wissenschaft in der Lage, den Dogmatismus abzuwehren und den Situationen zumindest un-kalkulierbare Fragen zu stellen.

Der Situation nachgelagert, ist die Organisation in Wirklichkeit kein Instrument, sondern ein Produkt. Sie bezeichnet, dass das, was statt gehabt hat, nicht ausschließlich die Stätte gewesen sein wird.

Durch seine propagandistische Treue, die Verteilung der wettenden Interventionen, lässt sie diesen Punkt offen, an dem die Vernähung des Eins nachlässt die Zwei zu verbinden. Sie ist die reflektierende Materialität des „Es gibt" in seinem futur antérieur. Die politische Organisation ist erforderlich, damit die wettende Intervention einen Prozess dessen herstellt, was von einer Unterbrechung zu einer Treue voranschreitet.

In diesem Sinn ist die Organisation nichts anderes als die Konsistenz der Politik.

IX. Die Ent-Sublimierung

Bleibt noch zu etablieren, dass dieser Prozess oder diese Prozedur nicht konstruktiv ist. Ich möchte damit sagen, dass sein Verhältnis zum Gesetz nicht darin besteht, es durch die Vorführung eines exemplarischen Falles zu validieren. So ist Talbot für nichts exemplarisch. Es ist eine singuläre Einschreibung, von der aus die Politik, und nicht das, was die Politik konstruierte, vorgeht, um zu beweisen, dass sie legitim ist.

Wenn man die politische Prozedur mit einem Gedankengang vergleicht, wird man sehen, dass er immer über das Absurde verläuft. Das Ereignis läuft durch seine Kraft der Unterbrechung nämlich darauf hinaus, anzunehmen, dass das, was zulässig ist, aufgehört hat zu gelten. Das Unzulässige ist der wichtigste Bezug einer Politik, die dieses Namens würdig ist. Die Politik zieht aus ihm durch organisierte Interventionen die Konsequenzen und erhält sich so, insofern sie keinem Widerspruch begegnet, das heißt, keiner Verpflichtung auf die Hörigkeit gegenüber dem gemeinen Lärm zurückzukommt.

De facto ist ein Gedankengang, der den Weg über das Absurde nimmt, eine Wette. Man nimmt an, dass, aus einer Hypothese, die einen Satz verneint, unzulässige Konsequenzen folgen werden, die einen dazu zwingen werden, diesen Satz zuzulassen. Allerdings weiß man nicht, *wann* man dem Widerspruch begegnen wird. Daher die Gefahr einer unendlichen Deduktion.

Die Wette der Politik ist entgegengesetzt. Das Unzulässige ist nicht das, was man erwartet, sondern das, wovon man ausgeht. Die politische Wette nimmt an, dass sich die Organisation aus der Unterbrechung, aus dem Unzulässigen, gemäß den sukzessive aktualisierbaren Wetten ableiten wird, und im futur antérieur einen niemals durch den Fels des Gesetzes gebarrten Radikalismus entfaltet.

Der konstruktive Gedankengang begegnet niemals dem Gesetz. Er macht nichts anderes, als einen Fall gemäß dem immanent bleibenden Gesetz vorzuführen. Der nicht konstruktive Gedankengang oder der den Weg über das Absurde nehmende ist Begegnung, Begegnung mit dem Widerspruch. Man muss also entweder der Anfangshypothese oder der Nichtwidersprüchlichkeit, das heißt dem Gesetz selbst, nachgeben. Wenn die Begegnung mit dem Widerspruch immer anders ist, bewegt sich der nicht konstruktive Gedankengang deduktiv in der suspendierten Existenz.

Die Politik setzt in der Form des Ereignisses die Begegnung mit einer Unterbrechung des Gesetzes in das Prinzip ihrer Prozedur selbst. Die sukzessiven Interventionen stehen unter der gewetteten Hypothese einer konsistenten Treue zum Ereignis. Es geht darum zu organisieren, dass aus einem realen, folglich vom Punkt des Gesetzes absurden Ereignis das Unendliche hervorgehen kann. Das Nicht-Konstruktive ist so das natürliche Element des politischen Prozesses.

Mallarmé resümiert all dies perfekt in *Igitur*:

„Der Zufall [...] enthält das ABSURDE – beinhaltet es,

jedoch in latentem Zustand, und hindert es, zu existieren: wodurch es dem UNENDLICHEN möglich wird zu sein."[34]

Übersetzen wir: Das durch die Intervention politisierte Ereignis, das immer ein Würfelwurf ist, setzt das Absurde, das Unzulässige, in die Latenz seiner Prozedur. Und so ist das Unendliche der politischen Aufgabe möglich.

Bemerken Sie, dass die darunter liegende Dialektik die der Existenz und des Seins ist. Das politische Unendliche *ist*, dadurch, dass die Absurdität des Ereignisses durch die intervenierende Prozedur, wenn nicht gar als Latenz der Prozedur selbst, d.h. der Organisation inexistent gemacht wird.

Die Politik ist vom Punkt einer Schwäche der Zählung-als-Eins aus die unendliche Aufhebung des Seins durch die dauerhafte Latenz-Setzung der Existenz der Zwei.

So ist der Antagonismus nicht das Prinzip eines Angriffs, sondern dessen, was das politische Sein im Unendlichen der Wette innehat und so bemächtigt ist, die Existenz aufzuheben.

Dass das Unendliche die durch das intervenierende Risiko propagierte ereignishafte Konsistenz sei, bewirkt, dass dieses Unendliche niemals präsentierbar ist. Unzulässig in ihrer Quelle ist die Politik in ihrer Prozedur unpräsentierbar. So ist sie zugleich radikal und unbeend-

---

[34] A.d.Ü.: Stéphane Mallarmé, *Igitur oder der Wahn des El-Behnon*, in: ders., *Gedichte*, übers. u. kommentiert von Gerhard Goebel unter Mitarbeit von Frauke Bünde und Bettina Rommel, Gerlingen 1993, S. 219-242, hier S. 237.

bar. Da es weder einen Haltepunkt noch ein Symbol ihrer Unendlichkeit gibt, muss die Politik auf das Erhabene, das Sublime verzichten. Ohne Zweifel ist es dies, wodurch sie sich, in subjektiven Termini, am grundlegendsten von der revolutionären Repräsentation distanziert. Wie man bei Kant sieht, ist die erhabene Indexierung der revolutionären Geschichtlichkeit im Ursprung präsent. Aber seien wir aufmerksam für das, was vielleicht das grundlegendste Charakteristikum der polnischen Bewegung ist und was der konstante innere Kampf gegen das Erhabene der Handlung ist.

Grundlegender, radikaler ist die Ent-Sublimierung, denn das Ereignis ist nicht, kann nicht die gewittrige oder bestirnte Fülle sein, in der sich das Unendliche zeigt. Das Ereignis ist vielmehr der unzulässige leere Punkt, an dem sich nichts präsentiert, aber an dem es seinen Ursprung im Absurden hat, und von dem aus das Unendliche in der konsistenten Reihe der Interventionen verwirklicht wird.

Uns bleibt, die selbst erhabene, poetische Weisung, auf das Erhabene verzichten zu müssen. Das politische Unendliche muss sich von jeder Präsentation distanzieren, sich abtrennen. Es ist die Direktive Mallarmés, mit der ich schließe: „[...] Dass vom Unendlichen so die Gestirne wie das Meer sich scheiden [...].“[35]

---

[35] A.d.Ü. : Ebd., S. 223.

Dieser Text stammt zu einem großen Teil aus zwei Vorträgen, die im Januar 1983 und Juni 1984 im Rahmen des an der *ENS d'Ulm* von Jean-Luc Nancy und Philippe Lacoue-Labarthe geleiteten *Centre d'étude philosophique du politique* gehalten wurden. Mir liegt viel daran, ihnen hier zu danken.

Manche Passagen sind auch aus Artikeln hervorgegangen, die im zweiwöchentlich erscheinenden *Le Perroquet*, das ich mit Natacha Michel herausgebe, veröffentlicht worden sind.

Frank Ruda / Jan Völker

Was heißt es, ein Marxist in der Philosophie zu sein?

„[…] *le travail qui fait vivre en nous ce qui n'existe pas.*"
(Paul Valéry)[36]

1983 hält Georges Peyrol „30 Wege, leicht einen Alt-Marxisten zu erkennen"[37] fest. Der Alt-Marxist ist sich unter anderem der Existenz einer revolutionären Arbeiterbewegung unzweifelhaft gewiss, so unbemerkt sich diese auch zeitgenössisch zeigen möge. Man wird bloß, so der Alt-Marxist, ein wenig ausharren müssen, dann wird die Arbeiterbewegung schon endlich etwas tun und hervorbringen, was wieder über sie reden macht. Überdies hält es der Alt-Marxist für unabweisbar, dass die zentralen Organe eben jener Arbeiterbewegung die Gewerkschaften und Arbeiterparteien sind, da sie die erste und wichtige Etappe des politischen Kampfes, nämlich den ‚ökonomischen Kampf' zu organisieren vermögen und in der Lage sind diesen zu einem veritablen ‚ideologischen Kampf' weiterzuentwickeln, in dessen Konsequenzen endlich die herrschaftlichen Pläne der

---

36 Paul Valéry, *Poésie et pensée abstraite*, in: ders., *Œuvres*, Bd. 1, Paris 1957, S. 1324.

37 Georges Peyrol, *30 moyens de reconnaitre à coup sûr un vieux-marxiste*, in : *Le Perroquet* 29-30 (1983), S. 5-6. Wir resümieren hier bewusst selektiv nur einige dort angeführten Punkte.

Bourgeoise und ihr längst überkommenes Modell der Organisation der Arbeit durchkreuzt und schließlich beendet werden. Der Alt-Marxist unterstützt daher, „da es ja sonst nichts gibt"[38], die Linke, obwohl diese – leider, wie der Alt-Marxist gern hinzufügt – wenigstens zu Teilen auch schon durch die ökonomischen Verhältnisse korrumpiert ist. Aber zumindest teilt die parlamentarische Linke, die zwischen politischer Angepasstheit und oppositionellem Gestus hin und her zirkuliert, mit dem Alt-Marxisten die unbefragbare Evidenz der Existenz einer sich in Bälde in der ein oder anderen Weise hervortretenden Arbeiterbewegung, die endlich dem Alt-Marxismus Recht zusprechen wird.

Dass es sich bei diesem polemischen wie ironischen Text um ein wichtiges Dokument einer – nicht bloß französischen, sondern eminent politischen – Debatte handelt, ist weniger dem Faktum geschuldet, dass ‚Georges Peyrol' das Autoren-Pseudonym des frühen Alain Badiou ist. Vielmehr zeigt sich in Badious harscher Polemik bereits die Einsicht einer geschichtlichen Diagnose, die nicht nur Badious Denken in der Folge beständig begleiten und zur Transformation antreiben wird, sondern die sich überdies im Niedergang des so genannten real existierenden Sozialismus, spätestens mit dem Jahr 1989, als geschichtliche Wirklichkeit bewahrheiten wird. Die Diagnose sowie die geschichtliche Wirklichkeit lässt sich unter die schlichte Formel bringen: Der Marxismus in

---

[38] Ebd., S. 5.

seinen bisherigen Formen ist an ein Ende gekommen. Oder um es genauer zu sagen: Die Sequenz, in der praktisch die Konsequenzen der kommunistischen Hypothese, in marxistischer, dann leninistischer und schließlich maoistischer Gestalt in der Politik entfaltet wurden, hat aufgehört zu existieren.[39] Emanzipatorisches politisches Denken kann nicht mehr so weiter machen wie zuvor. Zugleich gilt es bei dieser Diagnose zu beachten, dass „das Ende oder der Abschluß einer politischen Sequenz nicht aufgrund von äußeren Kausalitäten oder Widersprüchen zwischen ihrem Wesen und ihren Mitteln ein[tritt], sondern durch den strikt immanenten Effekt einer Erschöpfung ihrer Kapazitäten. [...] Die Kategorie des Scheiterns ist, anders gesagt nicht relevant [...]. Es gibt kein Scheitern, es gibt ein Aufhören [...].“[40] Das Ende einer Sequenz hat einen immanenten, keinen äußerlichen Grund – es handelt sich um ein strikt immanentes Urteil, ein immanentes Ende. Als ein solches

---

[39] Eine deutliche Bestimmung dessen, was das Ende dieser Sequenz in Konsequenz für eine Politik der Emanzipation bedeutet, findet sich unter anderem in: *Interview with Badiou*, auf: scentedgardensforthe blind.blogspot.com/2006_10_15_scentedgardensforthcblind_archive .html (02.2010). So heißt es dort klar: „Since the mid-80s, more and more, there has been something like a saturation of revolutionary politics in its conventional framework: class struggle, party, dictatorship of the proletariat, and so on. [...] We can interpret the work of Mao, the Cultural Revolution, that's all very interesting, but we cannot forget that it's also the end of something, much more than a beginning. But an end is also something new. It's the beginning of the end, the newness of the end. After that, though, the field is saturated.”

[40] Alain Badiou, *Über Metapolitik*, Zürich / Berlin 2003, S. 138.

lässt sich einerseits der Zusammenbruch des von Badiou angeführten Dispositivs der historischen Bezüge des Marxismus – sozialistische Staaten, nationale Befreiungskriege, Arbeiterbewegungen – verstehen, andererseits wird dieses Urteil immanent von einem politischen Ereignis der frühen 80er Jahre vollzogen. Es ist die Neuheit der polnischen Arbeiterbewegung, die zwar maximal die marxistische Hypothese zu bestätigen scheint, sich aber zugleich gerade in radikaler Distanz zum Marxismus konstituiert. Um in der Folge weiterhin den emanzipatorischen Anspruch politischen Denkens, den der Marxismus für die beendete historische Sequenz repräsentierte, fortzuführen, bedarf es der „Position eines neuen Begriffs der Politik […].“[41] Das zwei Jahre nach Peyrols Intervention auf Französisch erschienene Buch Badious „Ist Politik denkbar?“ lässt sich vor diesem Hintergrund als ein Versuch verstehen, weitreichende, dezidiert philosophische, Konsequenzen aus dieser historischen Konstellation – dem Ende einer Sequenz der Politik und der Notwendigkeit neue Mittel des Denkens der Politik finden zu müssen – zu ziehen. Zugleich muss dabei die entscheidende theoretische, wie praktische Borniertheit der Alt-Marxisten überwunden werden. Denn „Alt-Marxist“ bezeichnet in Badiousch-Peyrol‘scher Terminologie den Verteidiger einer Wissenschaftlichen-Marx‘schen Lehre, die trotz geschichtlicher Entwicklungen beständig stabil zu bleiben vorgibt. So ist diesem

41 Vgl. in diesem Band, S. 39.

Denken etwa die Behauptung eigen, dass sich die Sequenz, sei es auch ebenso unmerklich wie sich die Existenz der Arbeiterbewegung zeigt, so lange fortsetzt, bis sie zu ihrem einzig denkbaren natürlichen Ende, der Revolution, kommt. Es ist gerade diese dogmatisch marxistische Annahme der unzerstörbaren Kontinuität der vorangegangenen Sequenz und die damit implizierte Leugnung eines möglichen anderen historischen Endes der Sequenz, die zu problematischen, besser: obskurantistischen Konsequenzen führt. Denn sie impliziert zwar einerseits die richtige Überzeugung, dass sich in geschichtlichen Verhältnissen Transformationen zutragen können, die so fundamental sein können, dass sich die Auffassung von Geschichte selbst ändern wird. Andererseits aber gibt der „Alt-Marxist" angesichts der historisch singulären Situation den Prototypen eines historisch überkommenen philosophisch-politischen Denkens ab, das sich dadurch auszeichnet, sich selbst als Denken der Geschichte zu verstehen und doch zugleich unfähig zu sein, sich von Geschichte wahrhaft irritieren zu lassen. Der Alt-Marxist sieht zwar die Sequenzialität der Politik, aber nicht ihr mögliches Ende; er vermag daher die Singularität historischer Veränderung zugleich nur um den Preis der Aufgabe gerade ihrer Singularität zu denken. Die von Marx begründete Wissenschaft der Geschichte, die aus dem Studium der konkreten Situationen die unbezweifelbare Existenzannahme eines in die geschichtlichen Verhältnisse – und sei es nur latent – eingeschriebenen Subjekts der Geschichte gewinnt, hat in der Konsequenz dazu geführt, die Wahrheit der politischen Verhältnisse und Handlungen so zu verstehen, dass sie in einem konstitutiven Zusammenhang mit einem Sinn der Geschichte – die Emanzipation der gesamten Menschheit, die durch das Proletariat angetrieben wird –, selbst stehen. Es ist aber gerade dieses konstitutive Band von Wahrheit und Sinn oder Bedeutung der Geschichte, so Badious Einsatz, das mit der Erschöpfung der Kapazitäten dieser Sequenz der kommunistischen Hypothese zerrissen ist. Vor diesem Hintergrund ist der zentrale Mangel der marxistischen Kritik der politischen Ökonomie, dass diese „ihre eigene Kritik nicht zu kritisieren vermochte.“[42] Gegen die Überzeugung des Alt-Marxisten, weiterhin an eine Beständigkeit dieses Bandes glauben zu können, indem er, die Wissenschaft der Geschichte wie letztere selbst auf seiner Seite vermeinend, eine – wie auch immer schwer zu entziffernde – Vernunft hinter und unter den geschichtlichen, sozialen, wie politischen Prozessen deklariert, setzt Badiou gerade, mit einer seiner späteren Formulierungen gesprochen, das Axiom, dass es „keine Vernunft in der Geschichte“ gibt und „jede Sequenz [...] auf das bezogen werden [muss], was sie an Singulärem und Relativen besitzt.“[43] Mit diesem grundlegenden Axiom, welches

---

[42] Vgl. in diesem Band, S. 21.

[43] Alain Badiou, *D'un désastre obscur. Sur la fin de la vérité d'état*, La Tour d'Aigues 1998, S. 33. Unsere Übersetzung, F.R. / J.V. Im vorliegenden Band spricht Badiou noch nicht von ‚Sequenz‘, sondern von ‚Zyklus‘ im Unterschied zu Etappe, vgl. in diesem Band, S. 71.

implizit schon das vorliegende Buch bestimmt, stellt Badiou die Philosophie in rigidester Form unter die Bedingung der Politik.[44] Wichtig zu beachten ist in jedem Fall, dass Badiou damit keineswegs dem „zeitgenössische[n] Antimarxismus“[45] das Wort redet. Ohne den antimarxistischen Sachverwaltern des Bestehenden oder den dogmatischen Verteidigern des Marxismus Recht zu geben, handelt es sich eher darum, aufrecht zu halten, dass die Politik der Philosophie nicht einen allgemeinen Sinn der Geschichte zu denken gibt. Die Singularität – eines historischen Ereignisses und seiner ebenso singulären Konsequenzen – der Politik gilt es zu denken, und es gilt, sich daran zu orientieren, dass „eine Politik nur in einer Sequenz existiert, insofern das, wozu das Ereignis wahrheitsgemäß fähig war, sich entfaltet.“[46] Dass diese Frage selbst geschichtlichen Ursprungs ist und sich präzise aus diesem ihre Fraglichkeit ergibt, hängt gerade mit dieser Sequenzialität der Politik zusammen. Wie aber lässt sich nun eine Sequenz hinsichtlich ihrer Singularität verstehen, wenn die alt-marxistische Versuchung ver-

---

[44] In „Ist Politik denkbar?“ stellt die Politik noch – wie überhaupt für den frühen Badiou – die einzige nicht-philosophische Bedingung der Philosophie dar, auch wenn sich bereits durch die wichtigen Aufnahmen künstlerischer Werke eine Veränderung abzeichnet. Spätestens mit „Das Sein und das Ereignis“ wird diese Form der Bedingtheit von Badiou weiter differenziert und spezifiziert. Die Philosophie ist bedingt von vier Bereichen des Denkens: Liebe, Kunst, Politik und Wissenschaft. Zur Lehre der Bedingungen verweisen wir auf: Alain Badiou, *Conditions*, Paris 1992.

[45] Vgl. in diesem Band, S. 60.

[46] Alain Badiou, *Über Metapolitik*, a.a.O., S. 37.

mieden werden muss? Wie lässt sich folglich die historische Spezifizität des Endes der Sequenz verstehen, das den Marxismus in seiner bisherigen Gestalt invalidiert?

Badiou unterscheidet, mittlerweile, und für diesen Kontext hilfreich, zwischen zwei Sequenzen dessen, was er die kommunistische Hypothese[47] nennt. Die historische Spezifität von der das vorliegende Buch ausgeht, ergibt sich aus der singulären Konstellation, die zum Ende der zweiten Sequenz geführt hat, die sich aber zugleich nicht unabhängig von der ihr vorhergehenden Sequenz denken lässt. Die erste Sequenz bezeichnet die Zeit der Schöpfung, der Formulierung der kommunistischen Hypothese, die zweite die der ersten Versuche ihrer Realisierung. Die erste Sequenz beginnt mit der Französischen Revolution und dauert etwa 80 Jahre an, bis zur Pariser Kommune, von etwa 1792 bis 1871 also. Sie verbindet unter der Idee des Kommunismus in konkreter Form die Massenbewegungen – Demonstrationen, Unruhen, Streiks usw. – und die Vorstellung, den Staat umzustürzen und die Macht zu erringen. Der Staat als Form der Restriktionen der Möglichkeiten muss, so die grundsätzliche Annahme der ersten Sequenz, zerstört werden, um wahrhaft egalitäre und befreite Handlungsmöglichkeiten zu ermöglichen. Der einzig mögliche Agent für diese Aufgabe war genau die Massenbewegung (die Arbeiterbewegung). Der bekannte Name für diesen Umsturz ist der der Revolution. Die Revolution sollte alle

---

[47] Vgl. Alain Badiou, *L'hypothèse communiste*, Paris 2009 und Alain Badiou, *Wofür steht der Name Sarkozy ?*, Berlin / Zürich 2008.

Formen der Ungleichheit abschaffen und das einrichten, was die Denker der Arbeiterbewegung des 19. Jahrhunderts die ‚Gemeinschaft der Gleichen' nannten.[48] Mit der Pariser Kommune aber, dieser eigentümlichen Verbindung von Massenbewegung unter Einbezug der Arbeiter, die sowohl eine geschichtliche Neuheit einführte als auch ein radikales Scheitern der angenommenen Verbindung von Umsturz und Massenbewegung bedeutete, wird die erste Sequenz beendet. Die Pariser Kommune, in den zwei Monaten ihres Bestehens, in denen sie eine vollkommen neue Ausübung der Macht darlegte, wies die immanenten Grenzen der ersten Sequenz auf, da sie nicht in der Lage war, die angegebene Verbindung auf eine nationale Ebene zu hieven oder sich wirksam gegen die konter-revolutionäre Bewegung abzusichern. Knapp 50 Jahre später beginnt für Badiou mit der Russischen Revolution die zweite Sequenz der kommunistischen Hypothese, die von 1917 bis 1976 andauert. Das Ende der Kulturrevolution und der Mai 1968 schließen ungefähr 50 Jahre nach dem Beginn diese Sequenz ab. Die Frage der zweiten Sequenz ist: ‚Wie können wir (entgegen der Erfahrung der Pariser Kommune) siegreich sein?' Lenin war der erste, der eine Antwort auf diese Frage gab, indem er einen symbolischen Körper für die kommunistische Hypothese entwarf, der anders als die Kommune dauerhaft und beständig zu sein vermochte. Er bot eine Lösung desjenigen Problems an, an dem die

[48] Vgl. dazu etwa: Jacques Rancière, *La nuit des prolétaires*, Paris 1981.

Pariser Kommune gescheitert war. Die zweite Sequenz ist somit mit den ungelösten Problemen der ersten beschäftigt: Welche Form symbolischer, materialer Form kann es geben, um die ‚Gemeinschaft der Gleichen', das Reale der politischen Situation, zu stabilisieren, ohne dass es von den konter-revolutionären Momenten heimgesucht wird? Wie kann die neue Macht, der neue Staat auf eine Weise organisiert werden, dass er nicht von seinen Feinden zerstört werden kann? Die bekannte und wirkmächtige Antwort, die zunächst Lenin und dann andere darauf gaben, war: durch die Partei. Man kann auch sagen, dass die Partei die Antwort der zweiten Sequenz der kommunistischen Hypothese auf die Frage ist: Wie können wir siegreich sein? Daher spielt das Thema des Sieges in dieser Sequenz eine wesentliche Rolle. Die Besessenheit mit dem Thema des Sieges und dem des Realen ist direkt mit Fragen der Organisation und Disziplin verbunden und daher vollkommen mit einer Theorie und Praxis einer zentrierten und homogenen Klassenpartei verwoben. Die (kommunistische) Partei Lenins war eine Partei der Klasse und offerierte damit eine direkte Antwort auf die Frage, in welcher Form die neue Macht, der neue Staat, organisiert werden konnte. Diese charakteristische Konstruktion der zweiten Sequenz zeigte sich – etwa in Russland, China, Vietnam, Albanien und Korea – in der Verbindung von Disziplin, lokalen Siegen, demilitarisierter Organisation, Beständigkeit und der Konstruktion eines neuen Staates. Die zweite Sequenz löste damit zwar einerseits Schwierigkeiten, die sie von der ersten ererbt hatte. Andrerseits war sie aber nicht in der Lage, mit den gleichen Mitteln, mit denen sie die Frage der ersten Sequenz beantwortete, die Probleme zu lösen, die sich wiederum als Konsequenzen ihrer eigene Konstruktion ergaben. So erwies sich die kommunistische Partei, die gegen eine geschwächte reaktive Macht siegreich zu sein vermochte, unfähig, den Übergang zu dem zu organisieren, was Marx die Diktatur des Proletariats nannte. Unfähig also, die Konstruktion eines neuen Staates, eine Organisation der Macht, die der Nicht-Macht geweiht ist – der dialektischen Formel des Niedergangs des Staates –, zu verwirklichen. Vielmehr wurde durch diese spezifische Konstruktion der kommunistischen Partei ein neuer Staat errichtet, der sowohl autoritär als auch terroristisch war und sich weit von der Idee des Niedergangs des Staates entfernte. Es ist gerade die historische Einrichtung dieser neuen Staatsform, die das immanente Ende, die immanente Limitierung der zweiten Sequenz markiert und die noch von den letzten Ereignissen dieser Sequenz – etwa dem Mai 1968 und der Chinesische Kulturrevolution – zu überwinden gesucht wird. Während die Kulturrevolution versucht, die Partei kommunistischen Typs gegen sich selbst in Stellung zu bringen, sucht die Bewegung des Mai 68 einen neuen Typ der Organisation zu erfinden, der sich abseits des Parteiformates und der Staatsmacht hält. Jedoch, so lässt sich abkürzend sagen, misslingen schließlich beide Versuche und führen zur Restitution der Ordnung des Staates. Das Ende der Sequenz, das unter anderem als Krise des Marxismus adressiert wird, erfordert nun für Badiou ein neues Denken der Politik, das jede Form schlechter (alt-marxistischer) Wiederholung der Versuche der vorangegangen Sequenzen, wie jede Form schlicht reaktiven Antimarxismus' – zwei Seiten derselben Medaille – vermeidet. Denn sie beide stellen unterschiedliche Gestalten einer Orientierung des Denkens dar, die sich von der immanenten – und das meint immer subjektiven, praktischen – Dimension der Politik zur äußerlichen, objektiven Dimension bewegt: Sie setzen die Objektivität einer wissenschaftlichen Lehre oder die Verwaltung der gegebenen Objekte der Krise und dem Ende der politischen Sequenz entgegen. Für Badiou ist es aber gerade entscheidend, „Subjekt der Krise des Marxismus zu sein […].“[49] Das heißt aufs Neue und unter neuen historischen Bedingungen die Frage zu stellen, wie man dem Marxismus treu bleiben kann – was es heute heißen kann, ein Marxist zu sein –, ohne sich den de-subjektivierenden, das heißt objektiven Versuchungen wie Versuchungen der Objekte hinzugeben, die die Radikalität dieser Frage durch die Rückkehr zu einer Position struktureller Passivität verunmöglichen. Denn mit dem Ende der Sequenz verändert ebenfalls das klassisch philosophische Diktum seine Gestalt, das lautet: ‚das Wesen der Politik, das Politische, ist (philosophisch) denkbar'. Es kehrt vielmehr in der Form einer grundsätzlich Frage wieder: ‚Ist Politik (die immer von der „wesenslose[n] Figur des Ereignis-

---

[49] Vgl. in diesem Band, S. 64.

ses“[50] ausgeht, in ihren geschichtlichen Singularitäten philosophisch) denkbar?‘[51] Anders gesagt, aufgrund der sequentiellen Form der Politik stellt sich immer erneut die Frage, ob die Philosophie auf der Höhe ihrer Zeit zu sein vermag, ohne dem Renegatentum oder der schlechten Wiederholung zu verfallen.

Die Frage „Ist Politik denkbar?“ kann folglich weder auf altbekannte, alt-marxistische oder reaktive Antworten verweisen, da diese gerade die Frage als Frage nicht zu denken vermögen, noch darf einer weiteren Versuchung nachgegeben werden, welche zwar erlaubt die Fraglichkeit dieser Frage zu denken, jedoch ihren historisch singulären Index ausstreicht: der Versuchung, das Ende der Sequenz als ein Geschehen zu begreifen, das sich als statthabende Krise des Politischen, als Rückzug des Politischen begreifen ließe, der durch die ‚totalitären Regime‘ des 20. Jahrhunderts hervorgebracht wurde. Denn mit der fundamentalen Bedingtheit der Philosophie durch das, was sich in der Politik *ereignet*, wird der Philosophie zugleich die Möglichkeit genommen, souverän von einem zeitlosen Wesen der Politik, eben von dem Politischen zu sprechen. Philosophie kann nicht länger

---

50 Vgl. in diesem Band, S. 18.

51 Darauf, dass diese Frage zunächst von Sylvain Lazarus gestellt wurde, verweist Badiou bereits im Vorwort zur vorliegenden Ausgabe. Überdies verdeutlichen die Verweise auf die Arbeiten von Paul Sandevince – dem Pseudonym Lazarus‘ – seinen Einfluss auf Badious Denken. Vgl. dazu auch: Sylvain Lazarus, *Peut-on penser la politique en intériorité ?*, Editions des Conférences du Perroquet 1986.

politische Philosophie im Sinne einer Philosophie des Politischen, als einer invarianten, ja objektiven Gegebenheit der Erfahrung sein. „Ist Politik denkbar?“ interveniert in eine historische Situation, und es richtet sich nicht allein gegen die theoretische Vorherrschaft reaktiver Renegaten, dogmatischer Funktionäre und Sophisten, sondern es setzt sich zugleich entschieden von der These einer konstitutiven Verwobenheit zwischen Philosophie und Politik, die unter dem Namen des ‚Politischen‘ firmiert, ab. Denn die philosophische Rede vom Politischen ist schon immer mit der Vorstellung liiert, ein verbindendes Wesen oder ein einheitliches inneres Band zwischen den präsentierten Elementen einer historischen Situation oder dem, was man das Soziale nennt, und seiner Repräsentation angeben zu können: einmal in Gestalt eines verbindenden Verhältnisses, das die adäquate Repräsentation der Pluralität und der Differenzen der sozialen Mengen sichert und dessen staatliche Form die parlamentarische Demokratie wäre, ein anderes Mal in Gestalt einer alle sozialen Mengen umfassenden einheitlichen Repräsentation, deren ebenso staatlicher Form herkömmlicher Weise der Name des ‚Totalitarismus‘ gegeben wird. Die Rede vom Politischen instruiert für Badiou damit nur ein Staatsdenken – in der einen oder anderen Form –, da sie immer von der Fiktion eines klar zu bestimmenden Wesens der Politik ausgeht, das die Philosophie zu denken hätte. Dass Badious Zeitgenossen die Rede von der Krise des Politischen und von seinem Rückzug anstimmen, kann daher auch aus der

Perspektive des vorliegenden Buchs als nichts weiter denn ein Symptom einer grundlegenderen Einsicht gelten: Die philosophische Rede vom ‚Politischen‘ ist schon immer das Resultat eines philosophischen Phantasmas, der Fiktion der Konsistenz der sozialen Mengen, das sich nicht aufrechterhalten lässt. Wenn sich auch die Diagnose vom ‚Rückzug des Politischen‘, welche durch Jean-Luc Nancy und Phillipe Lacoue-Labarthe entwickelt wurde, den traditionellen Auslegungen der politischen Philosophie in fruchtbarer Weise entgegenzustellen sucht, so bleibt sie ihr dennoch zugleich grundlegend verhaftet. Denn einerseits ist damit die Diagnose eines Verschwindens der angenommenen Wesenhaftigkeit des Politischen ausgesprochen, die es aufrechtzuerhalten gilt, da es sich bei dieser immer schon um eine Fiktion gehandelt hat. Andrerseits aber geht die Diagnose vom ‚Rückzug des Politischen‘ nicht weit genug, sie erhält die „begriffliche Rechtsprechung des Bandes“[52], das heißt sie erhält – so die dialektische Volte Badious – die philosophische Bestimmung des Wesens des Politischen eben als die eines entzogenen Wesens. Das Politische als wesenloses, entzogenes Wesen zu bestimmen, annulliert aber wiederum die geschichtliche Singularität der Frage, ob Politik denkbar ist, indem sie zur Einführung eines invarianten, obgleich wesenlosen Wesens führt. Diese Diagnose verfolgt damit nicht die letzten Konsequenzen ihrer eigenen Einsicht. Denn tatsächlich

[52] Vgl. in diesem Band, S. 23.

eröffnet sie zugleich den Blick für die singulären geschichtlichen Ereignisse und ihre konkreten Konsequenzen, die die Politik auszeichnen und welche schon immer ein Loch in das Politische geschlagen haben. Der Einsatz des Badiou'schen Denkens der Politik besteht bis heute darin, diese Konsequenzen zu verfolgen, vor allem dadurch, dass er die Rede vom Politischen gänzlich zurückweist, um gerade die historische Singularität und Sequenzialität der Politik zu behaupten.[53] So setzt „Ist Politik denkbar?" gegen die alt-marxistisch, dogmatische Verteidigung des Marxismus, gegen den reaktiven Antimarxismus der Renegaten, sowie gegen die politische Philosophie, selbst noch die Nancys und Lacoue-Labarthes, die These ein, dass man sich an *der* Politik zu orientieren hat. Nicht, um sich gegen Marx zu wenden, sondern vielmehr um ebenso wie Marx in den 40er Jahren des 19. Jahrhunderts, ein „Denker der vom Politischen losgelösten Politik"[54] zu sein.

*

53 Eine wenig hilfreiche Kommentierung dieses Verhältnisses findet sich bei Oliver Marchart, dem unter anderem die Reichweite sowohl des Begriffs der Singularität als auch desjenigen der Sequenzialität der Politik – welche eine konkrete Analyse singulärer Sequenzen erfordert – entgeht. Vgl. Oliver Marchart, *Post-Foundational Political Thought. Political Difference in Nancy, Lefort, Badiou and Laclau*, Edinburgh 2007.

54 Vgl. in diesem Band, S. 29.

Heute, ein Vierteljahrhundert nach „Ist Politik denkbar?" stellt Badiou die axiomatische Anforderung einer Erneuerung der Politik unter die *Idee des Kommunismus*. Es gibt daher zwei Begriffe, die innerhalb der Untersuchung der Rekomposition einer Politik mittlerweile von großer Bedeutung sind: der der Idee und der des Kommunismus.

Die *Idee des Kommunismus* ist zunächst eine *Idee*: „Ich nenne ‚Idee' eine abstrakte Totalisierung dreier einfacher Elemente, einer Wahrheitsprozedur, einer historischen Erscheinung und einer individuellen Subjektivierung."[55] *Kommunismus* wiederum, so Badiou weiter, ist zwei Jahrhunderte lang der wichtigste Name einer Politik der Befreiung gewesen. Man kann daraus seinen allgemeinen Status ableiten. „Das Wort ‚Kommunismus' hat den Status einer Idee, und das heißt, dass dieses Wort, ausgehend von einer Inkorporation, und also vom Inneren einer politischen Subjektivierung, eine Synthese der Politik, der Geschichte und der Ideologie bezeichnet."[56] Die kommunistische Idee gehört nicht in die unerreichbare Ferne eines politischen Ideenhimmels, noch ist sie ein bloß realhistorischer Term, der in der Vergangenheit aufgebraucht worden und von der Geschichte begraben wäre. Die kommunistische Idee entfaltet sich in der Geschichte und nimmt dieser so die vorgebliche Linearität und Endlichkeit. Die Idee des Kommunismus ist nicht

55 Alain Badiou, *L'hypothèse communiste, Circonstances, 5*, Paris 2009, S. 185. Unsere Übersetzung, F.R. / J.V.

56 Ebd., S. 186f.

eine Idee von etwas, sondern der Kommunismus selbst hat den Status einer Idee in seinem synthetischen Vernähen von Politik, Geschichte und Ideologie. Die Idee des Kommunismus sagt, dass die Idee nur eine kommunistische sein kann und Kommunismus schon immer eine Idee gewesen sein wird.

In ihrem Denken durchwandert die kommunistische Idee so drei Gebiete: Politik, Geschichte und Ideologie. Der erste Term – die Politik – bezeichnet eine praktische politische Prozedur, mit der in einer gegebenen und markierten, historischen, Sequenz das Ereignis eines emanzipatorischen Denkens aufrechterhalten wird. Der zweite Term – die Geschichte – bezeichnet die historische Inskription dieser Prozedur in empirische, lokale Gegebenheiten. Mit dem letzten Term schließlich, der Ideologie, ist hier die individuelle Subjektivierung bezeichnet, in der sich das Subjekt entschließt, Teil der Politik, die sich in die Geschichte eingräbt, zu werden. Man kann dies in anderen Begriffen reformulieren: Die Geschichte, von der hier die Rede ist, ist eine symbolische Ordnung, in die sich ein reales Politisches einträgt. Dieser Eintrag ist die „imaginäre Operation“[57] der kommunistischen Idee, über die sich das Individuum subjektiviert. Die Lacan'sche Trias vom Realen, Symbolischen und Imaginären ist hier, in der kommunistischen Idee, zu einer materialistischen Diagonalen geworden. In dieser Verbindung von Realem, Symbolischem und Imaginärem konstituieren sich die

---

[57] Ebd., S. 189.

Subjekte einer Politik, und doch ist diese Trias nicht rein subjektiv, sondern der Subjektivierungsprozess ist durch ein objektiv Reales und ein objektiv Symbolisches bedingt. Badiou liest mit Lacan die Geschichte der Politik. Mittels der kommunistischen Idee wird das Symbolische der Geschichte durch das Reale der Ereignisse angeschnitten, so dass sich an diesem Schnitt ein neues imaginäres Subjekt herausgebildet haben wird. Die historische Signatur dieses gesamten Prozesses entfaltet ihre eigene Logik gegenüber der zeitlichen-linearen Struktur der symbolischen Geschichtsordnung. Die Situation einer konkreten historischen Zeit wird durch ein ihr spezifisches Reales entzweigebrochen. Es ist die Praxis eines Subjekts, die dieses In-Zwei-Brechen vornimmt. Dieses Subjekt entwirft sich dabei als handelndes zugleich auf eine imaginäre Zukünftigkeit hin, es entwirft das imaginäre Bild einer Schließung dieses an sich unendlichen Prozesses. Seine Praxis, gegenüber der geordneten Zeit der Geschichte und gegenüber der realen zeitlosen Unterbrechung ist die des futur antérieur. Ein neues Subjekt der Politik wird stattgehabt haben. Politik unterbricht GESCHICHTE und macht Geschichte.

Das Fundament der kommunistischen Idee ist immer materialistisch. Einerseits begründet sie sich von einem politischen Realen her, das in einen symbolisch geordneten Prozess ein Loch schlägt. Dieser Materialismus erscheint aber gleichsam nur in einer subjektiven Intervention, so dass er selbst immer noch einmal gebrochen ist durch die konkrete Entfaltung einer Idee. Was die kommunistische Hypothese behauptet, betrifft so zunächst auch das konkrete Individuum in den Fängen der scheinbar naturalisierten Geschichtsverläufe. Es ist möglich, unter der kommunistischen Idee zu leben, das statuiert die kommunistische Hypothese.

Ein Vierteljahrhundert vor diesen Überlegungen zur kommunistischen Hypothese sichert Badiou in „Ist Politik denkbar?" die wesentlichen materialen Spuren, aus denen ihr Denken möglich wird. Dies ist ganz wörtlich zu verstehen. Zum einen ist Badious Text von 1985 eine Bestandsaufnahme des Kommunismus in seiner marxistischen Gestalt und seiner Zerstörung. Die Geschichte, so scheint es, begräbt im wahrsten Sinne den Kommunismus als solchen. Zum zweiten ist die Aufgabe, eine neue Politik zu rekomponieren die Aufgabe, deren Dringlichkeit das Buch anmahnt. Die Mittel zu ihrer Lösung sucht der zweite Teil von „Ist Politik denkbar?" zu explizieren. Badiou entwickelt in „Ist Politik denkbar?" eine Reihe entscheidender Begriffe, die in systematischer Hinsicht vor allem in „Das Sein und das Ereignis" aufgegriffen und weiter entwickelt werden. Badiou stellt selbst eine präzise, kurze Abfolge dieser Begriffe auf: *prä-politische Situation*, *Struktur*, *Ereignis*, *Intervention*, *Politik*, *Treue*;[58] dies sind die Begriffe, die das Fundament einer Rekomposition der Politik bilden. Es sei an dieser Stelle unter Variation der Abfolge kurz auf diese zentralen Begriffe eingegangen, um am Schluss noch einmal

---

[58] Vgl. in diesem Band, S. 88f.

wendigkeit formalisiert, dass die Politik sich nicht selber verstaatlichen darf, will sie lebendig bleiben. Diese Notwendigkeit ist jedoch klar an dem Ereignis namens *Solidarność* gewonnen.[60]

Die *Intervention* wird in „Ist Politik denkbar?“ als jene Interpretation einer Situation definiert, die die „überzähligen Aussagen und Tatsachen“ bestimmt.[61] Nichts ist für die Rekomposition einer Politik von größerer Bedeutung. Ereignisse entstehen nicht von selbst, sie müssen den Situationen entborgen werden. Badiou kommt im Folgenden auf die Interpretation vor allem als wettende Interpretation zurück, denn jede Interpretation geht eine Wette ein, von deren Ausgang sie nichts ahnen kann, auf deren Erfolg sie aber dennoch setzt. In einem gewissen Sinne lässt sich Badious Werk überhaupt als Intervention in eine Situation verstehen. Das Hauptwerk „Das Sein und das Ereignis“ ist unter anderem eine Intervention in die Situation der Ontologie. „Ist Politik denkbar?“ ist einerseits eine Intervention in eine historische Situation, die auf das Ende der sozialistischen Regime weist, anderseits damit bereits eine Intervention am Rande der Ontologie. Nicht nur verweist „Ist Politik denkbar?“ voraus auf die ontologische Systematisierung der hier gewonnenen Einsichten, sondern es verdeutlicht auch, inwieweit sich das politische Denken Badious an konkreten geschichtlichen Situationen entzündet. Das Buch ist eine

---

[60] Vgl. ebd., S. 123ff.

[61] Vgl. in diesem Band, S. 89.

solche Intervention, weil es aus der Geschichte die Politik zu bergen sucht; es ist am Rande der Ontologie, weil es aus der konkreten geschichtlichen Analyse die ontologischen Mittel zu einer Rekomposition der Politik freizulegen sucht. Und es erkennt, dass der Rand der Ontologie der Riss ist, der mitten durch die Geschichte geht.

Die Intervention wettet darauf, an dieser Entzweibrechung Politik neu bestimmen zu können. Es geht zunächst um die Behauptung, eine Ereignisstätte, wie es in „Das Sein und das Ereignis“ heißen wird, auffinden zu können. Um die Leere einer Situation markieren zu können, ist es zunächst notwendig, ihre scheinbare Fülle zu ignorieren. Eine Taubheit gegenüber den Tatsachen ist an den Tag zu legen; was die Polizei als Verstärker der Doxologien wieder und wieder behauptet, gilt es beständig zu überhören. Damit geht aber auch einher, dass man sich der Vorstellung des Gesetzes und des Gesetzbruchs zu widersetzen hat, denn die Überschreitung des Verbots hat keine politischen Konsequenzen. Es ist vielmehr gerade das Gesetzlose, welches nun konstitutiv den Prozess bestimmt, das Gesetzlose (des Ereignisses) als Gesetz des Prozesses (der Treue), auf den die wettende Intervention setzt. Politik interessiert sich vielmehr für das Unmögliche, das der Situation inhärent ist, das immer ein Unmögliches der Situation ist. Hier liegt ein versteckter Kantianismus des Badiou von *Ist Politik denkbar?*. Wie Kant nämlich die Antinomien aufzulösen sucht, indem er von kontradiktorischen zu konträren Urteilen übergeht, so wechselt Badiou von der Kategorie des Verbots zu Kategorie des Unmöglichen. Das Unmögliche, auf das die Intervention setzt, ist eine Art unendliches Urteil, die allein negative Bestimmung von *etwas* innerhalb einer Situation, von etwas Nicht-möglichem. Das Verbot hingegen kennt sein Verbotenes genau und macht es dadurch bereits immer zu einem verfemten Freund des Staates.

Es stellt sich jedoch die Frage nach dem Subjekt der Intervention. Wer ist im Stande, eine wettende Intervention zu wagen? Zwischen einer Frage, die analytisch nicht beantwortet werden kann – was ist geschehen, wer sagt die Wahrheit – und dem aufklärenden Ereignis, das die Wahrheit feststellt, emergiert das wettende Subjekt. Das politische Subjekt ist das Subjekt einer unmöglichen Äußerung. Das Subjekt ist in ‚Ist Politik denkbar?' so zwischen zwei Ereignissen, als „Zwischen-Zwei" [62], als das, „was ein Ereignis für ein anderes Ereignis repräsentiert" bestimmt.[63] In der Frage der Politik geht es immer um ein kollektives Subjekt, von Badiou hier noch als Arbeiter- oder Volkssubjekt bestimmt. Die *prä-politische* Situation, in welche dieses kollektive Subjekt intervenieren kann, zeichnet sich dadurch aus, dass in ihr nicht nur „das Scheitern des Regimes des Eins"[64] bereits erkennbar geworden sein wird, sondern auch ein kollektives Subjekt eingebunden ist. *Prä-politisch* ist eine Situation, wenn

[62] Vgl. in diesem Band, S. 117.

[63] Vgl. in diesem Band, S. 117.

[64] Vgl. in diesem Band, S. 89.

etwa durch einen Streik das Regime des Eins infrage gestellt ist. Diese Infragestellung verläuft retroaktiv: Nicht jede Situation ist prä-politisch, sondern einige werden prä-politisch gewesen sein. Sie hat ein ereignishaftes Moment, dem es durch eine wettende Intervention zur Wahrheit zu verhelfen gilt. Zugleich wird die Situation überhaupt nur durch die wettende Intervention politisiert worden sein. Hier wird bereits erkenntlich, dass die Frage der Intervention später in „Das Sein und das Ereignis" strukturanalog in den Zusammenhang des Subjekts und seiner Treue zum Ereignis einrücken kann. Die Frage der Subjektivierung ergibt sich aus der notwendigen Intervention, die die geschichtliche Ordnung mit einer realen politischen Unmöglichkeit punktiert. Die Affirmation eines Punktes der Unmöglichkeit lässt das Subjekt an dieser Löcherung der Situation entstehen. Hier ist bereits zu erkennen, dass die Subjektivierung auch im Abzug von der Endlichkeit der Situation zu verstehen ist und die Löcherung der Situation auch eine Öffnung des Subjekts auf eine Unendlichkeit ist.

Das Subjekt ist so zunächst an das Ereignis verwiesen, dass ihm vorangeht, an dessen unmöglicher Möglichkeit es sich herausbilden kann. Ereignis wird die „Dysfunktion" eines Regimes des Eins genannt.[65] Die Zählung-als-Eins präsentiert die in einer Situation gegebenen Elemente als dieser einen Situation eingeschlossene, andere Elemente kennt sie nicht. Sie sagt im Falle

[65] Vgl. in diesem Band, S. 89.

der Talbot-Fabrik, dass die immigrierten Arbeiter insofern nicht zu dieser Situation gehören, als dass sie nicht als rechtmäßige, legale Elemente gezählt worden sind. Die Einforderung des „Rechts ohne Recht“[66] durch die immigrierten Arbeiter ist somit zugleich die Einforderung einer Umschrift der Situation. Sie fordern, im strikten Sinne, das Unmögliche, sie sind Subjekt einer unmöglichen Äußerung. Diese Forderung auf ein Recht in einer Situation, in der sie kein Recht haben, sollte man nicht voreilig als humanistische Einklagung einer ausstehenden Anerkennung missverstehen. Nur zu glauben, dass die Arbeiter wie die anderen Arbeiter behandelt werden wollen, würde bedeuten, dass die immigrierten Arbeiter schlicht in die Situation integriert werden wollen. Es ist richtig, sie fordern, auch wie die anderen behandelt zu werden. Dies ließe sich auch mit der Parole der von Badiou mit gegründeten *Organisation politique* vergleichen: Qui est ici, est d'ici. Aber in dieser Forderung liegt mehr, als allein das gleiche Spiel mit neuen Mitspielern weiterspielen zu wollen. Es geht nicht darum, die Inklusion der Situation zu rearrangieren, sondern darum, die Situation mit einem unmöglichen Element zu supplementieren. Richtiger als von einer Einforderung zu sprechen wäre es dementsprechend, von einem Aufsuchen zu sprechen: ein Aufsuchen der Leere in der Situation, der das scheinbar naturalisierte Eins aufspaltet und ein Reales in der symbolischen Ordnung markiert. Man sieht,

[66] Vgl. in diesem Band, S. 90.

warum das Ereignis den Meinungen, den Zählungen, den Tatsachen Feind ist: In diesen ist es ausgeschlossen, es ist ihnen überzählig, unmöglich. Da das Ereignis Gleichheit markiert, ist es nicht damit getan, die Forderung der immigrierten Arbeiter zu integrieren. Das Ereignis muss vielmehr bewahrheitet werden, in seinem Wesen fortgeschrieben werden. Dies bedeutet nicht, dass sein Wesen protokolliert und programmatisch wiederholt wird, das Ereignis ist vielmehr in seiner Wesenlosigkeit, die sein Wesen ausmacht, fortzusetzen. Dies geschieht durch den Prozess der *Treue*, die das Ereignis bewahrheitet, ohne ihm jedoch seinen fragilen Zustand nehmen zu können, in dem es sich in der Suspension der Zählungen und in der Distanz von der Repräsentation einrichtet.

Treue gibt dem Ereignis Konsistenz, insofern es die essentielle Aussage des Ereignisses weiterträgt und seine Konsequenzen entfaltet: Nicht diese und jene Arbeiter sind den anderen gleich, sondern überhaupt alle in der Situation präsenten Subjekte sind gleich. Die nicht exklusive, kollektive Struktur macht ein Ereignis zu einem politischen Ereignis.[67] Damit wird die hierarchisierte Struktur, die nur die repräsentativ säuberliche Verteilung von Macht kennt, als solche in Frage gestellt. Politik ist somit an Gleichheit wie zugleich an Freiheit orientiert, Gleichheit ist ihre axiomatische Voraussetzung, Freiheit verwirklicht sie im Abstand von der Zählung-als-Eins, das heißt aber immer auch: im Abstand vom Staat. Diese

---

67 Vgl. hierzu Alain Badiou: *Über Metapolitik*, Berlin 2003, S. 151.

Freiheit der Gleichheit ist dann eine Freiheit zu eigenen Organisationsformen, eigener Erziehung und eigener Praxis, in der jeder Beliebige als Gleicher gilt.

Der Prozess der Treue kann sich dementsprechend nicht an den gleichen Parametern ausrichten wie die Struktur, die das Ereignis verunmöglicht. „Dem Ereignis treu zu sein, das ist das Sich-Bewegen in der Situation, die zu diesem Ereignis einen Zusatz bringt, indem man die Situation „gemäß“ dem Ereignis denkt (aber alles Denken ist eine Praxis, ein auf die Probe stellen).“[68] In politischer Hinsicht ist die Treue dann die „politische Organisation, das heißt das kollektive Produkt der ereignishaften Konsistenz jenseits seiner unmittelbaren Sphäre“.[69]

Die Treue ist eine Praxis und ein Denken zugleich. Da das Ereignis nicht der Ordnung der Realitäten angehört, existiert es nicht, es ek-sistiert allein, es steht in seiner Unmöglichkeit heraus. Das intervenierende Subjekt entscheidet sich zur Verpflichtung, das Ereignis zu denken und die Praxis dieses Denkens zu entfalten. Dies zeigt, wie im Ereignis Materialität und Denken ineinander verknüpft sind: Denn die Entscheidung, dass ein Ereignis stattgehabt hat, produziert reale Effekte. Sie produziert Effekte auf dem Niveau der Situation, zunächst jedoch auf einem anderen, subjektiven, Niveau, welches einen anderen Begriff einführen lässt: den des Lebens. Denn

---

[68] Alain Badiou, *Ethik, Versuch über das Bewusstsein des Bösen*, Wien 2003, S. 62. (Übersetzung leicht modifiziert, F.R. / J.V.)

[69] Vgl. in diesem Band, S. 89.

die Treue zu einem Ereignis, die Bestätigung seiner Eksistenz gegen alle Existenz und die Fortschreibung seiner Effekte, bringt das Subjekt – im Politischen das kollektive Subjekt – dazu, zu leben. Man kann so sagen, dass das Subjekt erst unter der Idee zu leben beginnt. Vorher liegen die Regime der Tatsachen, der Biologismen, der Regulierungen, der Alltäglichkeiten, alles in allem die Organisation des Lebens, das als Verwaltung der Endlichkeit begriffen werden kann. Aus dieser Ordnung der Biomacht ist nur zu entrinnen, wenn das Subjekt eine Stelle der Unmöglichkeit in ihr behauptet: sie markiert und auf ihr, koste es was es wolle, insistiert. Unter einer Idee zu leben stellt Badiou dem Leben ohne Idee entgegen.

Letzteres ist der kapitalistische Imperativ der Zeit. Aber welcher Zeit? Die globalisierte „Welt“ von heute zeigt sich tatsächlich als Zeit ohne Welt, damit als Zeit ohne Gegenwart. Was die kommunistische Hypothese besagt, ist, dass der Zeit von heute die Annahme einer Welt entgegengesetzt werden kann. Diese Welt ist zunächst zu denken und zu behaupten. Es macht nichts, dass die Ordnungshüter wiederholen, von ihr sei nichts zu sehen, dieser Welt entsprächen keine Tatsachen und keine vermessenen Zahlen. Eine Welt zu denken bedeutet zugleich, sie zu bauen. Wenn der Imperativ der vorgeblichen Welt von heute, von der jeder eigentlich weiß, dass sie selbst nur eine Behauptung, nämlich die eines Lebens ohne Idee ist, so ist dieser eine Welt entgegenzusetzen, in der es möglich ist, eine Idee zu leben.

Die kommunistische Hypothese besagt, dass dies, auch wenn die „Welt“ von heute eine andere ist als die zu der Zeit der letzten, vergangenen Sequenz des Kommunismus, möglich ist. Die Situation ist in der Tat eine radikal andere. Es geht darum, in dieser „Welt“ dem Kommunismus eine andere symbolische Gestalt zu verleihen. Es geht darum, eine Welt überhaupt zu denken, deren Idee es Subjekten zu leben ermöglicht. Es geht folglich nicht darum, neue Parteien zu gründen, andere Staaten auszurufen, sondern darum, die kommunistische Hypothese neu zu entwerfen. „Wir müssen das *Manifest* erneut schreiben“[70], weil wir heute, wie Badiou immer wieder insistiert, in der gleichen Situation sind wie Marx 1840. Es gilt also, die Marx‘sche Geste zu wiederholen.

Wir möchten vor allem Alain Badiou und Isabelle Vodoz für die freundschaftliche Unterstützung danken. Unser Dank gilt zudem Annika Bach, Bruno Besana, Sophie Ehrmanntraut und Mark Potocnik.

---

[70] Vgl. in diesem Band, S. 72.

Alle lieferbaren Merve-Titel
finden Sie im gut sortierten Buchhandel und
unter

www.merve.de

Wir senden Ihnen gerne
ein aktuelles Gesamtverzeichnis zu.

Nachricht an:

Merve Verlag, Crellestraße 22, 10827 Berlin

Tel.: +49-30-784 84 33

Fax: +49-30-788 10 74

merve@merve.de

genügt.